HELMUT SCHMIDT
Ein letzter Besuch

BEGEGNUNGEN MIT DER WELTMACHT CHINA
GESPRÄCH MIT LEE KUAN YEW

01.02.17 (Rodach)

Pantheon

Das Gespräch zwischen Helmut Schmidt und Lee Kuan Yew
wurde im Mai 2012 im Shangri-La Hotel Singapur geführt.
Moderation: Matthias Naß
Redaktion: Thomas Karlauf

MIX
Papier aus verantwor-
tungsvollen Quellen
FSC® C083411

Verlagsgruppe Random House FSC® N001967
Das für dieses Buch verwendete FSC®zertifizierte Papier
Lux Cream liefert Stora Enso, Finnland.

Erste Auflage
Pantheon-Ausgabe April 2015

Das Nachwort von Matthias Naß erschien erstmals unter
dem Titel »Vier Freunde« im ZEIT magazin vom 19. Juli 2012.
Der Abdruck geschieht mit freundlicher Genehmigung
durch DIE ZEIT, Hamburg.

Umschlaggestaltung: Jorge Schmidt, München,
unter Verwendung einer Vorlage von Rothfos & Gabler, Hamburg
Satz: Ditta Ahmadi, Berlin
Karten und Grafiken: Peter Palm, Berlin
Reproduktionen: Aigner, Berlin
Druck und Bindung: CPI books GmbH, Leck
Printed in Germany
ISBN 978-3-570-55248-3

www.pantheon-verlag.de

Inhalt

HELMUT SCHMIDT

Begegnungen mit der Weltmacht China

Im Mai des Jahres 2012 bin ich – inzwischen 93 Jahre alt – ein letztes Mal nach Ostasien gereist. Das Motiv war, zwei alte Freunde noch einmal zu treffen, nämlich Lee Kuan Yew in Singapur und Zhu Rongji in Peking. Der eine hat als Ministerpräsident dreißig Jahre lang die Geschicke Singapurs bestimmt, der andere war als Ministerpräsident der Volksrepublik China Vorgänger von Wen Jiabao.

Ich habe Lee Kuan Yew im Laufe der siebziger Jahre des vorigen Jahrhunderts bei einem Besuch in Singapur kennengelernt. Daraus hat sich im Laufe der späten achtziger und neunziger Jahre durch Vermittlung des früheren amerikanischen Außenministers George Shultz eine Freundschaft entfaltet, die bis heute anhält. In meinem 1996 erschienenen Buch »Weggefährten« habe ich Lee Kuan Yew ein ausführliches Porträt gewidmet, in dem ich meine Bewunderung für seine Lebensleistung zum Ausdruck brachte.

Bei der Vorbereitung meiner Reise kam mir die Idee, die Gespräche mit Harry Lee aufzeichnen zu lassen und, falls sich die Mitschriften als substantiell erwiesen, anschließend ein kleines Buch zu veröffentlichen. Mein Freund war mit diesem Vorschlag einverstanden. Wir hatten uns in den vergangenen Jahren wiederholt über eine Reihe gemeinsamer, uns beide interessierender Themen unterhalten und dabei immer wieder festgestellt, dass wir trotz unterschiedlicher Perspektiven – Harry aus der Sicht eines vom Konfuzianismus geprägten Asiaten, ich aus europäischer Sicht – in vielen Punkten übereinstimmen und die Welt auf ähnliche Weise sehen.

Die Gespräche, die wir am 5., 6. und 7. Mai 2012 im Shangri-La Hotel in Singapur führten, wurden moderiert von meinem Freund Matthias Naß, der Lee seit fast zwanzig Jahren kennt und auch einige Interviews mit ihm geführt hat. Er sorgte dafür – wie ich in der anschließenden Pressekonferenz etwas flapsig bemerkte –, dass alle Fragen angeschnitten und keine gelöst wurde. In Wirklichkeit war der Wiederaufstieg der Weltmacht China das zentrale Thema, das uns am meisten beschäftigte und auf das wir immer wieder zurückkamen.

Dieses Buch setzt an vielen Stellen gemeinsames Wissen voraus, auch und gerade da, wo wir unterschiedlicher Meinung sind. Um dem Leser das Verständnis der Gespräche mit Lee Kuan Yew zu erleichtern, will ich in dieser Einleitung einige der Voraussetzungen benennen. Dabei greife ich auf Erfahrungen zurück, die ich mir in einem halben Jahrhundert intensiver Beschäftigung und auf mehr als einem Dutzend Reisen nach China und in den Fernen Osten erworben habe. Der im Anhang abgedruckte Text »Vier Freunde« von Matthias Naß stellt meine Freundschaft mit Harry Lee noch in einen ganz besonderen persönlichen Zusammenhang. Wenn wir uns treffen, sind nämlich zwei amerikanische Freunde im Geist mit dabei: George Shultz und Henry Kissinger.

Beide sollen an dieser Stelle deshalb auch kurz zu Wort kommen. Zunächst George Shultz, der in seinen 1993 erschienenen Erinnerungen »Turmoil and Triumph« schrieb, dass China mit Recht stolz sein könne auf seine jahrtausendealte Kultur. »Das chinesische Volk ist unendlich begabt. Auch unter dem Kommunismus hat es große Leistungen vollbracht. Je freier die Chinesen werden, desto großartiger werden sie ihre Fähigkeiten entfalten.« Ganz ähnlich urteilte Henry Kissinger in seinem jüngsten China-Buch: »Die zeitliche Dimension der Vergangenheit Chinas gestattet es den chinesischen Führern, den Mantel einer nahezu endlosen Geschichte zu benutzen, um ihr Gegenüber zu einer gewissen Bescheidenheit zu veranlassen.«

Schon in den sechziger Jahren habe ich geahnt, dass China wieder zu einer Weltmacht aufsteigen würde. Deshalb unternahm ich 1971 eine größere Reise nach Ostasien. Deutschland hatte damals keine diplomatischen Beziehungen mit China; deshalb musste ich als damaliger Bundesverteidigungsminister das Land von außen betrachten. Ich habe damals auf China mit japanischen, (süd)koreanischen, thailändischen und australischen Augen geschaut. Am Ende jener Reise stand für mich fest: China wird den Weg zurück zur Weltmacht finden.

Deshalb habe ich Bundeskanzler Willy Brandt gedrängt, diplomatische Beziehungen mit der Volksrepublik China aufzunehmen. Dies fiel ihm nicht sonderlich schwer, weil gleichzeitig die Annäherung zwischen den USA und China in Gang kam. Deutschland und die Volksrepublik China haben 1972 diplomatische Beziehungen hergestellt, sieben Jahre vor den Vereinigten Staaten von Amerika.

Zu jener Zeit war der Kalte Krieg zwischen West und Ost noch in vollem Gange. Man verfolgte in Washington, in London oder Paris Willy Brandts Ostpolitik mit Skepsis, sogar mit Misstrauen. Die Zeitungen schrieben vom Weltkommunismus und unterstellten ein gleichgerichtetes Zusammenspiel zwischen Peking und Moskau. Man sprach von China als Rotchina und von Taiwan als von Formosa. Gleichzeitig liefen viele Studenten in den USA, in Paris, aber auch in Frankfurt und Berlin mit roten Fahnen und mit Mao-Buttons auf der Brust herum und schwärmten von Maos ekelhafter Kulturrevolution.

Als Bundeskanzler reiste ich zum ersten Mal im Oktober 1975 auf Einladung des Ministerpräsidenten Zhou Enlai nach Peking. Weil Zhou schon sehr krank war, wurde ich am Flughafen von seinem Stellvertreter Deng Xiaoping empfangen, den ich in den folgenden anderthalb Jahrzehnten noch zwei weitere Male zu ausführlichen Gesprächen getroffen habe. Das Straßenbild in Peking zur Zeit meines ersten Besuches habe ich nicht vergessen. Massen von

Menschen waren auf unbeleuchteten Fahrrädern unterwegs, alle einheitlich in baumwollenen blauen, bisweilen auch grauen »Mao-Anzügen«, kaum jemals ein Auto. Bei dem Gespräch mit Mao Zedong, das etwa drei Stunden dauerte, saß Deng Xiaoping dabei, ohne ein einziges Wort zu sagen. Drei Jahre später habe ich begriffen, dass es Deng möglicherweise das Leben gekostet hätte, wenn er in seinem anschließenden langen Gespräch mit mir auch nur in einem oder zwei Punkten von der Linie Mao Zedongs abgewichen wäre.

Die schweren Fehler Mao Zedongs, der sogenannte »Große Sprung nach vorn«, auch seine Vergehen im Zuge der »Großen Proletarischen Kulturrevolution«, waren mir damals schon deutlich, auch seine menschliche Rücksichtslosigkeit, ja Brutalität. Zugleich besaß er offensichtlich eine sehr große Autorität. Mao hatte erkennbar einen Schlaganfall hinter sich, er hatte nicht mehr viel Lebenszeit vor sich. Im Westen der Welt fürchtete man, die sogenannte Viererbande würde Maos Erbe antreten. Tatsächlich ist es dann ganz anders gekommen.

Was mich damals schon faszinierte, war das Bewusstsein von der viertausendjährigen Geschichte der chinesischen Zivilisation und ihrer ungebrochenen Vitalität. Ganz im Gegensatz zu den untergegangenen Zivilisationen der alten Ägypter, der alten Perser, der alten Griechen, der Römer, der Mayas oder Inkas hat sich die chinesische Kultur über die Jahrtausende gehalten.

Anders als in den allermeisten anderen Hochkulturen der Weltgeschichte hatte es in China niemals eine das ganze Volk umfassende Religion gegeben. Zwar gab es buddhistische, später islamische und christliche Einflüsse, aber es kam fast nie zu religiös aufgeladenen Machtkämpfen. Der Konfuzianismus – ähnlich auch der Taoismus – war und ist keine Religion. Sondern im Kern ist er eine umfassende Ethik, die von der Familienethik über die Gesellschaftsethik bis zur Staats- und Herrschaftsethik reicht.

Ich hatte auch ein zweites Charakteristikum der chinesischen Geschichte begriffen: Kaum jemals hat ein chinesischer Kaiser mit

Gewalt seine Macht territorial ausgedehnt. Militärische Eroberungen kamen in der chinesischen Geschichte nur sehr selten vor. Obwohl die Schiffe des Admirals Zheng He, die zu Beginn des 15. Jahrhunderts zu langen Expeditionen aufbrachen, zwanzigmal so groß waren wie einhundert Jahre später die Schiffe von Vasco da Gama oder Kolumbus, ist diese Flotte nicht zur Eroberung fremder Länder eingesetzt worden. Das Reich der Mitte – »Middle Kingdom« – war sich selbst genug. Auswärtige Mächte mussten ihre Unterwürfigkeit durch Kotau bezeugen, durch Tribute und Geschenke. Fremde Eroberer wie der Mongole Dschingis Khan oder die Mandschus, die sich selbst zum Kaiser machten, wurden ziemlich mühelos sinisiert und eingeschmolzen.

Bis ans Ende des europäischen Mittelalters ist China wissenschaftlich und technologisch den Europäern ihrer Zeit hoch überlegen gewesen. Die Chinesen konnten längst mit beweglichen Lettern Bücher drucken, sie konnten Stahl, Schießpulver, Kanonen und Granaten herstellen, sogar Raketen. Zugleich wurde das Land mit Hilfe des Konfuzianismus regiert. Der Weg in die Herrschaftsklasse und an die Spitzen der politischen Beamtenschaft führte über Bildung und Ausbildung, insbesondere über Kenntnisse der ererbten Literatur. Wer aufsteigen wollte, musste ein umfangreiches, höchst kompliziertes System von literarischen Prüfungen bestehen. Die persönliche Herkunft spielte keine entscheidende Rolle. Sozialer Aufstieg war in China immer möglich. Wohl aber spielten in Chinas Gesellschaft der Rang als Mandarin und der Respekt vor den Hierarchien von Mandarinen die entscheidende Rolle.

Mit dem Ende der Ming-Dynastie begann in der Mitte des 17. Jahrhunderts der allmähliche Niedergang der bisherigen kulturellen Hochphase. Entscheidend war der zunächst noch langsame außenpolitische Machtverfall. Gegen Mitte des 19. Jahrhunderts zwangen die europäischen Mächte China zur Öffnung seiner Hafenstädte. Sie errichteten eine Reihe von Quasi-Kolonien, in den Hafenstädten »Konzessionen« genannt. Am Ende des ersten Japa-

nisch-Chinesischen Krieges 1894/95 verlor China die Insel Taiwan
(damals noch portugiesisch Formosa genannt), es verlor auch seine
Vorherrschaft über die Koreanische Halbinsel.

Zu Beginn des 20. Jahrhunderts dankte der letzte Kaiser von
China ab, die Japaner drangen nach Korea und später, in den
dreißiger Jahren, in die chinesische Mandschurei vor. Sie eroberten
auch Shanghai und Nanjing; gleichzeitig herrschte Bürgerkrieg
zwischen den Truppen der Nationalpartei Kuomintang und der
Roten Armee der Kommunisten. Der Bürgerkrieg endete mit der
Ausrufung der Volksrepublik China im Oktober 1949 durch Mao
Zedong.

*

Diese Grundlinien der chinesischen Geschichte waren mir bewusst,
als ich mich am 31. Oktober 1975 auf den Weg zu Mao machte. Ich
habe den Verlauf des Gesprächs mit ihm in meinem Buch »Menschen und Mächte« ausführlich geschildert und will hier nichts
wiederholen. Betonen muss ich jedoch, dass mir bei jenem ersten
Besuch die innere Situation und das ökonomische Potential des chinesischen Volkes nicht wirklich klar geworden sind. Mao und die
sogenannte Viererbande beherrschten die öffentliche Meinung, sie
beherrschten insbesondere die Medien und die Kommunistische
Partei. Die Monotonie, mit der Maos Denken auf allen Ebenen
nachgebetet wurde, war erdrückend. Sie provozierte geradezu die
Frage, die ich mir stellte: Was denken die Menschen wirklich?

Diese Frage wurde dann wenigstens teilweise beantwortet
durch den durchschlagenden Erfolg der evolutionären Entwicklungen, die Deng Xiaoping von 1978 an ins Werk setzte. Als ich
sechs Jahre später ein zweites Mal nach China kam, erschien mir
der von Deng eingeschlagene Weg der Reformen bereits als nicht
mehr umkehrbar.

Schon damals, Mitte der achtziger Jahre, nannte ich Deng den
»großen Motor, der China antreibt zu Realismus und Pragmatis-

mus«. Auch wenn durchaus Zweifel an der Kontinuität des Reformprozesses angebracht waren, so gab es für mich doch keinerlei Zweifel an dem Reformwillen des Mannes an der Spitze, der sich mit Zhao Ziyang zudem einen sehr tüchtigen Pragmatiker zur Durchführung der Vorhaben geholt hatte.

Deng hat sich wenig um den ideologischen Überbau gekümmert. Er war ein begnadeter Pragmatiker mit einem untrüglichen Gespür für das Machbare und dem unbedingten Willen, das Machbare auch tatsächlich durchzusetzen. Die unmöglichen Herausforderungen überlassen wir anderen, lautete seine Linie; was möglich ist, packen wir sofort an. Sein Satz »Die Wahrheit ist in den Tatsachen zu suchen« stand als eine Art Leitmotiv über seinen Reformen. Wahrscheinlich hielt er an der Idee des Kommunismus vor allem deshalb fest, weil er mit seiner Hilfe soziale Gerechtigkeit herstellen wollte.

Ein Geniestreich war die Errichtung von Sonderwirtschaftszonen. Damit konnte er Schwerpunkte setzen an Orten, an denen die Reformen am ehesten auf fruchtbaren Boden fielen. Deng hat diese Zonen in Hafenstädten errichten lassen, weil dort der Anschluss an die Weltwirtschaft leichter zu bewerkstelligen war. Außerdem wohnten dort Familien, in denen die Handelstradition noch nicht ganz verschüttet war, Familien, die über Generationen Seehandel betrieben und auf Taiwan, in Hongkong oder in Singapur Verwandte und Bekannte hatten. Die Sonderwirtschaftszonen waren so klein und überschaubar, dass das Experiment jederzeit hätte abgebrochen werden können. Heute ist China fast zur Gänze eine einzige Sonderwirtschaftszone geworden.

Deng kümmerte sich im Wesentlichen um die Rahmenbedingungen. Er integrierte die verschiedenen Tendenzen innerhalb der Parteiführung und gab die großen Linien vor, die tatsächliche Umsetzung überließ er anderen, allen voran Zhao Ziyang. Der größte Unterschied zwischen Deng und Zhao bestand darin, dass Zhao wirtschaftliche und gleichzeitig einige politische Reformen durchführen wollte, was Deng für falsch hielt, weil es seiner Meinung nach im Chaos enden musste. Die Entwicklung in der Sowjetunion Ende der achtziger, Anfang der neunziger Jahre, Gorbatschows gleichzeitige Einführung von Perestroika und Glasnost, hat ihm im Nachhinein recht gegeben.

Ich habe Zhao Ziyang bei meinem Besuch 1984 kennengelernt. Er besaß einen ähnlich beeindruckenden wirtschaftlichen Sachverstand wie später Zhu Rongji, einer seiner Nachfolger im Amt des Ministerpräsidenten; unter den damaligen Staats- und Regierungschefs der Welt fand man kaum einen, der über ökonomische Zusammenhänge so gut Bescheid wusste. Ob es um die Reform des Preissystems oder um die Geldpolitik der Zentralbank ging, um den Zustand der Weltwirtschaft oder um die Rohstoffprobleme der Entwicklungsländer: Über jedes Thema war Zhao bestens unterrichtet, seine Urteile waren begründet und ausgewogen.

Wie man denn die Leitungskader nach Jahrzehnten der Unselbständigkeit an größere Eigenverantwortung gewöhnen wolle, fragte ich ihn damals, und seine Antwort war verblüffend einfach. Entweder seien die Leiter der Betriebe fähig, aber die Strukturen verkrustet, dann würden die Strukturen geändert. Oder aber die Leiter der Betriebe seien nicht geeignet, dann würden eben andere Mitarbeiter in die Führungspositionen aufsteigen. Seine Aufgabe sehe er darin, die Fähigsten an die Spitze zu bringen.

Die ökonomische, die soziale und die politische Entwicklung Chinas hat im Juni 1989 durch die Tiananmen-Tragödie vorübergehend eine tiefgreifende Unterbrechung erfahren. Als die sogenannten Studentenproteste auf dem Platz des Himmlischen Friedens schließlich mit militärischen Mitteln niedergeschlagen wurden, haben die Medien und die öffentliche Meinung im Westen das Ereignis mit der Unterdrückung einer generellen Freiheitsbewegung gleichgesetzt.

Aber jugendlicher Protest ist zunächst allgemein ein Generationenkonflikt, ein Aufstand von Jungen gegen die Alten. Am

Anfang waren junge Leute mit Zustimmung und Hilfe von Zhao Ziyang in Sonderzügen der Staatseisenbahn nach Peking gekommen. Zhao wollte – ähnlich wie in Russland Michail Gorbatschow – eine offenere Gesellschaft. Die Demonstrationen verliefen zunächst friedlich.

Dann jedoch kam es zum Staatsbesuch des russischen Präsidenten, der nur durch einen Hintereingang in die »Große Halle des Volkes« gelangen konnte. Dieser große Gesichtsverlust veranlasste die Parteiführung zum Eingreifen. Sie hatte jedoch keinerlei Bereitschaftspolizei zur Verfügung, sondern nur ihr Militär. Die Zahl der toten Zivilisten und Soldaten ist ungewiss (die im Westen genannten Zahlen sind übertrieben); dem Westen erschien das Vorgehen als Ausdruck des rücksichtslosen Machtstrebens der Kommunistischen Partei. Die Tiananmen-Tragödie war ohne Zweifel dem Willen zur unbedingten Wiederherstellung der kommunistischen Staatsmacht geschuldet. Sie hat zugleich die Autorität von Deng Xiaoping unterhöhlt.

Als ich im Mai 1990, ein Jahr nach Tiananmen, Deng zu einem dritten und letzten langen Gespräch besuchte, stimmte er mir zu, als ich sagte, China habe einen großen Prestigeverlust erlitten. Zugleich erklärte er: »Wir müssen die unsere Schlüsse daraus ziehen. Die Ursache hat in der Partei gelegen, sogar bei hohen Vertretern in der Parteiführung.« Er hat die Schuld nicht anderen in die Schuhe geschoben, sondern eingeräumt, dass er die Parteispitze nicht im Griff hatte. Er gab auch zu, dass man die junge Generation vernachlässigt habe. Allerdings warnte er davor, die Bedeutung der Ereignisse zu überschätzen, die »Politik der vier Modernisierungen« sei nicht beeinträchtigt worden (mein Gespräch mit Deng im Anhang dieses Buches dokumentiert).

1992 hat Deng mit seiner legendären fünfwöchigen Propagandareise durch den Süden des Landes seine Autorität wiederherstellen können. Nunmehr hielt er wieder alle Fäden in der Hand. Heute weiß man, Deng Xiaoping war nicht nur der erfolgreichste kommu-

nistische Führer, sondern in meinen Augen auch einer der erfolg-
reichsten Staatsmänner des 20. Jahrhunderts überhaupt – Erfolg
definiert als die Veränderung des eigenen Landes zum Guten.

*

Wenn man sich die innerlich und äußerlich zerrissene Situation
Chinas während fast der gesamten ersten Hälfte des 20. Jahrhun-
derts vor Augen führt, wenn man sich zusätzlich die Ära Mao
Zedongs mit ihren zig Millionen Hungertoten und den ungezählten
Opfern der so genannten Kulturrevolution vor Augen hält, dann
grenzt der ökonomische Wiederaufstieg des Landes an ein Wunder.
Niemand im Westen hat noch zu Zeiten von Tiananmen einen sol-
chen Aufstieg vorausgesehen.

Zwar hatten die Vereinten Nationen 1971 die Volksrepublik
China als alleinige rechtmäßige Vertretung Chinas anerkannt und
die taiwanesische Regierung in Taipeh gezwungen, den ständigen
Sitz im Sicherheitsrat an Peking abzutreten. Zwar haben die Amerikaner die Volksrepublik China 1979 anerkannt (bei gleichzeitiger
Bewahrung des Sonderstatus von Taipeh). Viel wichtiger für die Bedeutung des Landes ist jedoch der Umstand, dass China heute eine
ökonomische Weltmacht ist, deren Währungsreserven sich auf über
3000 Milliarden Dollar belaufen – was in der Weltgeschichte ohne
Beispiel ist.

Friede und Stabilität in Ostasien werden heute vom Machtgleichgewicht zwischen Amerika und China aufrechterhalten. In
Ost- und Südostasien breiten sich Sorgen vor China aus. Der Streit
um mehrere kleine Inselgruppen trägt in ähnlicher Weise zur Be-
unruhigung bei wie vor Jahren der Streit um Taiwan. Dazu kommt
sowohl in Japan als auch in China ein Wiederauferstehen nationa-
listischer Tendenzen. Dabei ist der ökonomisch absolut erfolglose
Staat Nordkorea, auf den die Chinesen herabblicken, zugleich Chinas Schutzwall gegen Japan, vor allem aber gegen die amerikanische
Präsenz auf dem asiatischen Festland; Peking fürchtet, dass der Ein-

fluss Washingtons im Falle einer Wiedervereinigung Koreas bis an
die Grenze zu China reichen würde.

Neben diesen für China mit hohem Prestige verbundenen au-
ßenpolitischen Fragen darf allerdings nicht übersehen werden, dass
die eigentlichen Probleme des Landes im Innern liegen. Die Bevölkerungszahl steigt weiter, wenn auch nicht ganz so schnell wie in
großen Teilen Asiens. Aber noch vor der Mitte des 21. Jahrhunderts
wird China 1,5 Milliarden Menschen zählen, und die Mehrheit von
ihnen wird auch dann wahrscheinlich noch in ländlichen Verhält-
nissen leben. Das Bevölkerungswachstum wird sich also trotz der
von Mao eingeleiteten Ein-Kind-Politik fortsetzen. Weil die pro-
duktiven Jahrgänge aufgrund der Ein-Kind-Politik ausgedünnt
sind, ergeben sich große Schwierigkeiten beim Aufbau einer umfassenden nationalen Altersversorgung.

Ein zweites großes Problem betrifft die enormen Unterschiede
im Lebensstandard, die sich im Laufe der letzten 25 Jahre zwischen
den Küstenprovinzen und dem Landesinneren, insbesondere in
Zentralchina, Tibet und Xinjiang, herausgebildet haben. Die Spannungen zwischen Arm und Reich sind unübersehbar. Weite Teile
des Landes leiden unter mangelnder Infrastruktur, es fehlt dort
noch immer an Eisenbahnen und Autostraßen. Weil die Menschen
in ihren Dörfern nicht mehr gebraucht werden, zieht es sie in die
aufstrebenden Provinzen entlang der Küste, wo sie Arbeit zu finden
hoffen.

Heute gibt es zwischen hundert und zweihundert Millionen
so genannte Wanderarbeiter – die Schätzungen schwanken. Diese
Wanderarbeiter kommen bestenfalls bei Verwandten unter, ansons-
ten schlafen sie auf den Baustellen. Sie werden ausgebeutet, haben
kaum Rechtsschutz und keine Alterssicherung. Das sorgt für erheb-
liche soziale Spannungen, und das Problem ist der chinesischen
Führung voll bewusst.

Auf der anderen Seite sind diese Wanderarbeiter nicht nur eine
große Belastung für die Städte, sondern in ihnen stecken auch

Anteile an der Weltwirtschaft

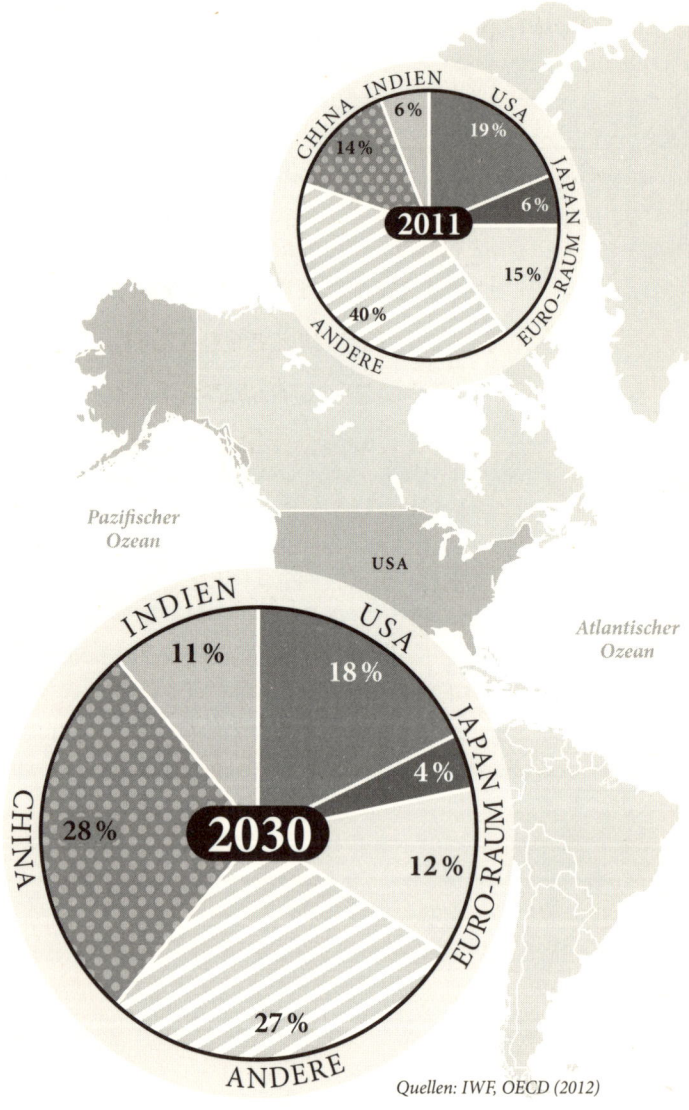

Quellen: IWF, OECD (2012)

Pro-Kopf-Einkommen

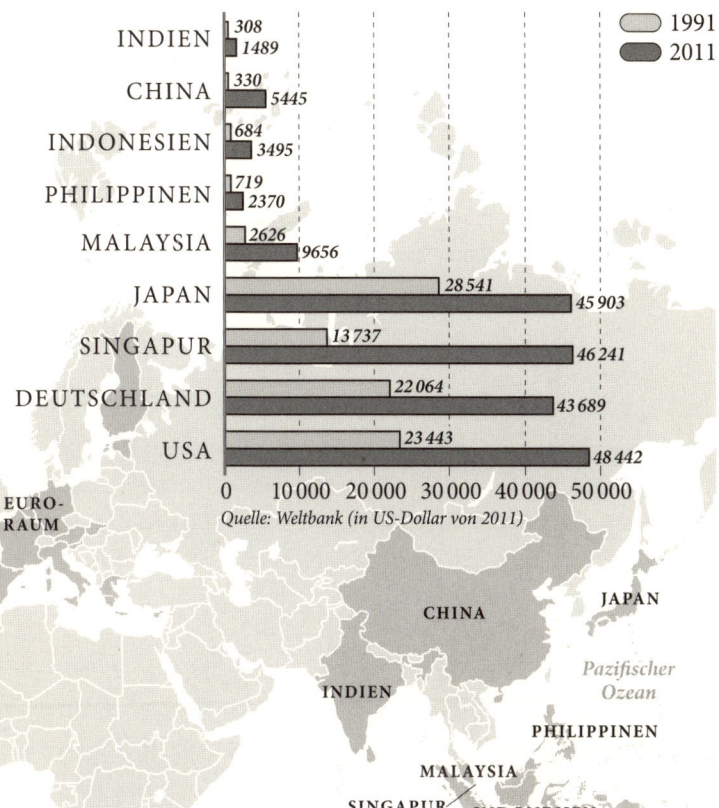

	1991	2011
INDIEN	308	1489
CHINA	330	5445
INDONESIEN	684	3495
PHILIPPINEN	719	2370
MALAYSIA	2626	9656
JAPAN	28541	45903
SINGAPUR	13737	46241
DEUTSCHLAND	22064	43689
USA	23443	48442

Quelle: Weltbank (in US-Dollar von 2011)

EURO-
RAUM

CHINA

JAPAN

INDIEN

Pazifischer
Ozean

PHILIPPINEN

MALAYSIA

SINGAPUR   INDONESIEN

Indischer
Ozean

enorme Reserven für China. Es muss das Ziel der chinesischen Führung sein, die in der Landwirtschaft überflüssig gewordenen Ar-
beitskräfte in andere Beschäftigungen zu bringen. Die Entstehung
von riesenhaften Großstädten (vier Städte von jeweils 40 Millionen
sind geplant!) schafft zusätzliche psychologische Probleme, die sich
aus den Bedingungen einer Massengesellschaft ergeben.

Mit der Industrialisierung Chinas sind zwei weitere Probleme
entstanden. Zum einen ist China in hohem Maße angewiesen auf
den Import von Rohstoffen, insbesondere auch von Öl und Gas.
Zum anderen sind die Umweltprobleme – man denke an den ewigen
Smog über Peking und anderen Städten – ungelöst.

Die sozialen Konflikte, die sich aus den hier skizzierten Ent-
wicklungen ergeben, könnten die ökonomische Stabilität Chinas
durchaus gefährden. Insgesamt scheint mir die innenpolitische
Situation des Landes jedoch erstaunlich stabil. Die vielen tausend
Demonstrationen, die es in China Jahr für Jahr gibt und die von der
Regierung auch publizistisch nicht unterdrückt werden, richten sich
gegen lokale Missstände, sie richten sich nicht gegen das Regime der
Kommunistischen Partei.

Dabei erweist sich die kommunistische Ideologie als weitest-
gehend unbrauchbar für die Lösung der realen Probleme. Hier ist
ein ideologisches Vakuum entstanden. Deswegen scheint es mir zunehmend wahrscheinlicher, dass die chinesische Führung auf Prin-
zipien des Konfuzianismus zurückgreifen wird – angepasst an die
Erfordernisse des heutigen China.

Gleichwohl wird die Kommunistische Partei alles tun, ihre un-
umschränkte Herrschaft aufrechtzuerhalten. Dieses System der Ein-
parteienherrschaft ist vielen Amerikanern und Europäern zutiefst
suspekt, es widerspricht den politischen Traditionen des Westens.
Im Lichte der chinesischen Geschichte aber erscheint mir die politische Stabilität, die dieses System gewährleistet, als zweckmäßig, ja
wohltuend – sowohl für das chinesische Volk als auch für seine
Nachbarn.

Im Zuge der marktwirtschaftlichen Neuerungen wird sich die autoritäre politische Struktur zweifellos wandeln. Deutliche Zeichen eines sich allmählich entwickelnden Rechtsstaates sind bereits erkennbar. Man muss der weiteren Entfaltung jedoch Zeit lassen. Jeder Versuch, von außen einzugreifen und den Prozess zu beschleunigen, könnte großes Unheil auslösen.

*

Was hat der Westen in näherer Zukunft von China zu erwarten? Auch wenn sich der wirtschaftliche Aufschwung verlangsamen wird, dürfte China weiterhin ein überdurchschnittliches wirtschaftliches Wachstum verzeichnen, ein schnelleres Wachstum jedenfalls, als es irgendein Land in Europa oder Nordamerika erreichen kann. Der durchschnittliche Lebensstandard wird steigen. Dennoch wird China noch einige Jahrzehnte auf dem Niveau eines Schwellenlandes bleiben.

Einerseits werden wir uns darauf einstellen müssen, dass in den Naturwissenschaften und im Bereich der neuen Technologien die Chinesen schnell aufrücken werden. Andererseits soll man die Bedeutung des chinesischen Marktes nicht überschätzen. Nicht alle 1,3 Milliarden Chinesen werden sich morgen ein in Europa oder nach europäischen Maßstäben gefertigtes Auto kaufen können. Im Gegenteil, ich glaube, dass die Mehrheit der heute lebenden Chinesen im Laufe ihres Lebens sich überhaupt kein Auto wird leisten können.

Außenpolitisch wird China vorsichtig bleiben und keinem Konflikt mit einer anderen Weltmacht Vorschub leisten oder dazu Anlass bieten. Im Hintergrund steht dabei die zweitausend Jahre alte Tradition, sich als ein großes Reich zu betrachten, das Expansion und Eroberung nicht nötig hat. Zugleich wird Peking darauf drängen, dass China respektiert wird, und insbesondere auf dem Völkerrecht und der Charta der Vereinten Nationen beharren. Etwaige Provokationen wird man gelassen abwehren.

Strategische Rivalen

RUSSLAND   *Iturup*

• Ulan Bator

MONGOLEI   *Hokkaido*

• Wladiwostok

Japanisches Meer

Beijing •   Pjöngjang •   **DVR KOREA**
(Peking)

JAPAN

• Seoul   *Honschu* • Tokio

REP. KOREA

Gelbes Meer   *Kyuschu*

C H I N A   • Shanghai   *Ost-chinesisches Meer*

• Lhasa   *Ryukyu*

Okinawa

Guangzhou   Taipeh •   — *Senkaku o. Diaoyu I.*
(Kanton)   **TAIWAN**

Xianggang
MYANMAR **LAOS** • Hanoi   (Hongkong)
Pyinmana •   *Hainan*   *Pazifischer Ozean*
(Naypyidaw) • Vientiane **VIETNAM**
Golf von   **THAI-**   *Paracel I.*   *Luzón*
Bengalen   **LAND**

Bangkok • **KAMBODSCHA**   • Manila

Andamanen   Phnom •
(ind.)   Penh   **PHILIPPINEN**

Ho-Chi-   *Spratly I.* *Palawan*
Nikobaren   Minh-Stadt
(ind.)   *Sulusee* *Mindanao*   *Mikronesie*
Südchinesisches
Meer   **BRUNEI**

Kuala Lumpur •
M A L A Y S I A

Äquator   SINGAPUR   *Äquato*
Sumatra   *Borneo*

Sulawesi   *Seram*
(Celebes)
Neuguinea

Jakarta •   I N D O N E S I E N   **PAPUA**
Java   **NEU-**
Kleine Sunda-Inseln   **GUINE**
Indischer Ozean   *Bali*   **OST-TIMOR**
(TIMOR-LESTE)
Timorsee

Marianen-Inseln

• Guam

US-Marinestützpunkt

Seegebiete, die China
kontrollieren möchte

- - - »Erste Insellinie«

•••••• »Zweite Insellinie«

A U S T R A L I E N

Quelle: US-Verteidigungsministerium, Bericht an den
Kongress über Chinas Sicherheitspolitik, 201

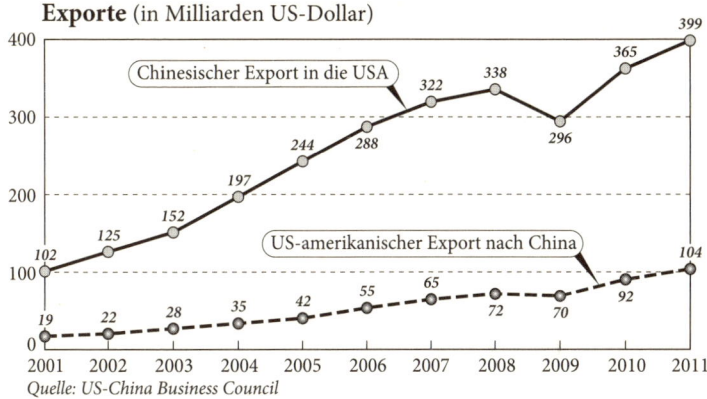

Exporte (in Milliarden US-Dollar)

Chinesischer Export in die USA

US-amerikanischer Export nach China

Quelle: US-China Business Council

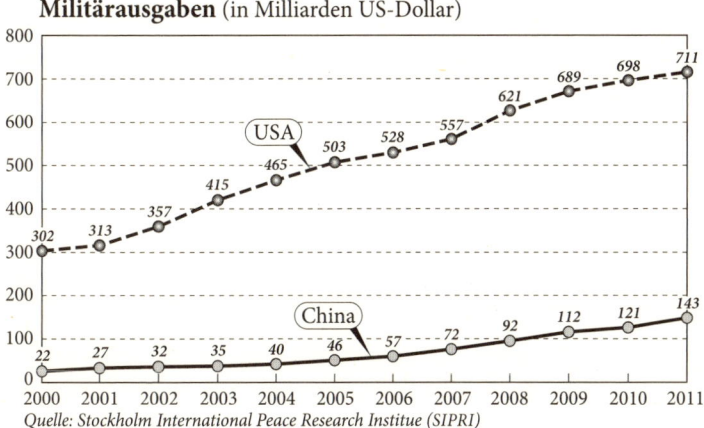

Militärausgaben (in Milliarden US-Dollar)

USA

China

Quelle: Stockholm International Peace Research Institue (SIPRI)

Wenn man die militärische Verteidigung oder die Militäretats Chinas und der Vereinigten Staaten überhaupt vergleichen kann – was sehr schwierig ist, weil Bezugsgrößen wie Kaufkraft oder Immobilienpreise nicht standhalten –, dann ist der chinesische Rüstungsetat ungefähr bei einem Fünftel oder einem Sechstel des amerikanischen, wobei ich die Kosten für den Einsatz in Irak und Afghanistan nicht einrechne.

Wie soll sich der Westen mit Blick auf China verhalten, wie soll
er auf die Herausforderung reagieren? Drei Punkte sind aus meiner
Sicht für ein friedliches und kooperatives Nebeneinander unab-
dingbar. Erstens: Verzicht auf westliche Überheblichkeit, stattdessen
Respekt gegenüber der ältesten Kulturnation der Welt. Zweitens:
Volle Einbeziehung Chinas als gleichberechtigter Partner in alle
multinationalen Organisationen, in denen globale Fragen – Wirtschaft, Finanzen, Klima, Abrüstung – verhandelt werden. Drittens:
Keine Widerstände gegen die zu erwartende Annäherung Taiwans
an die Volksrepublik China und die daraus sich ergebende fried-
liche Wiedervereinigung.

Vor allem müssen die westlichen Politiker begreifen, dass harter
Wettbewerb und politische Zusammenarbeit sich keineswegs gegenseitig ausschließen. Ich erinnere an das Beispiel Japans. 1868
erlebte das bis dahin von der Welt abgeschottete Japan die Meiji-
Restauration. Die Öffnung des Landes für die westliche Welt führte
dazu, dass Japan 1914, bei Ausbruch des Ersten Weltkriegs, indus-
triell und militärisch auf gleicher Höhe mit dem Westen war. Trotz
dieses neuen Konkurrenten haben die Europäer ihren Lebensstandard heben und zugleich den Sozialstaat begründen können. Das
heißt, der Aufstieg Japans zu einer wirtschaftlichen Weltmacht hat
uns nicht geschadet. Auch der Wiederaufstieg Japans nach dem
Zweiten Weltkrieg hat uns nicht geschadet, genauso wenig wie der
Aufstieg Südkoreas, Taiwans, Hongkongs oder Singapurs.

Dass ein ökonomisch bisher unwichtiges Land plötzlich zum
erfolgreichen Wettbewerber wird, haben wir also schon öfters erlebt. Der Westen kann den weiteren ökonomischen und technologischen Aufstieg Chinas nicht verhindern, schon gar nicht, indem
er sich der politischen Zusammenarbeit verweigert oder politischen
Druck auszuüben versucht.

Als Europäer möchte ich auf die Errungenschaften der europäischen und nordamerikanischen Aufklärung nicht verzichten.
Aber ich sehe, dass andere Nationen ohne diese Tradition nicht nur

lebensfähig sind, sondern auch glänzende ökonomische Fortschritte erzielen, welche gegenwärtig unsere ökonomischen Fortschritte übertreffen. Daraus ergibt sich für mich als Konsequenz, dass die Europäer wieder verstärkt forschen und lernen müssen. Vieles von dem, was Europäer heute an technologischen Spitzenleistungen hervorbringen, werden die Chinesen bald ebenso herstellen können – und darüber hinaus billiger.

Dieser Wettbewerb sollte uns nicht dazu verführen, den Chinesen Vorschriften machen zu wollen. Westliche Politiker sollten Abstand davon nehmen, nach Peking zu reisen, um der dortigen Führung Belehrungen in Menschenrechtsfragen zu erteilen. Angst vor China zu verbreiten ist ebenso wenig ein geeignetes Mittel, auf die Herausforderung zu reagieren. Wie auch immer wir uns verhalten, eines müssen wir wissen: China wird beim Wiederaufstieg zur Weltmacht seinen eigenen Weg gehen.

Hamburg, im März 2013

**HELMUT SCHMIDT
und LEE KUAN YEW
Gespräch im Mai 2012
in Singapur**

*Helmut Schmidt und Lee Kuan Yew im Mai 2012 während
der Aufnahmen für das vorliegende Buch. In der Mitte Matthias Naß
von der ZEIT, der das Gespräch moderierte.*

Erste Gesprächsrunde

SCHMIDT   Wie alt sind Sie heute, Harry?

LEE   89.

SCHMIDT   Ich gehe auf die 94 zu.

LEE   Gratuliere! 89 ist vergleichsweise sehr jugendlich.

SCHMIDT   Wie alt werden Sie werden?

LEE (lacht)   Ich habe keine Ahnung.

SCHMIDT   Ich habe das Gefühl, ich werde mit 95 abtreten.

(LEE lacht.)

SCHMIDT   Meine Frau hat mich im Alter von 91 Jahren verlassen.

LEE   Loki starb mit 91?

SCHMIDT   Ja. Es war ein großer Verlust für mich. Sie müssen in
einer ähnlichen Lage sein.

LEE   Ja. Der Tod hinterlässt eine große Lücke in unserem Leben. Sie
kann nie wieder gefüllt werden.

SCHMIDT   Ja.

LEE   In meinem Fall nach 64 Jahren.

SCHMIDT   Nach 64 Jahren Ehe?

LEE   Ja.

SCHMIDT   Bei uns waren es 68. Nur etwas mehr als bei Ihnen.

LEE   Je länger es dauert, desto größer der Schmerz.

SCHMIDT   Haben Sie hier im Shangri-La Hotel ein Büro?

LEE   Nein, mein Büro befindet sich im Istana.

SCHMIDT   Ich erinnere mich an den Namen Istana. Der Premierminister hat dort seine Büros.

LEE   Sie haben ein gutes Gedächtnis.

SCHMIDT   Wie viele Stunden arbeiten Sie normalerweise in der
Woche?

LEE   In der Woche, würde ich sagen … Im Durchschnitt arbeite ich
fünf bis sechs Stunden am Tag.

SCHMIDT   Am Tag. Mal sieben macht 35 Stunden.

LEE   Aber der Sonntag ist frei.

SCHMIDT   Ich arbeite immer noch beinahe 50 Stunden in der Woche.

LEE   Wirklich! Das ist gut.

SCHMIDT   Seit Lokis Tod habe ich nichts außer der Arbeit.

LEE   Nun, ich lese, ich gehe spazieren. Bei mir zu Hause hängen übrigens noch zwei von Lokis bemalten Tellern. Sie malte diese Blätter und Blumen …

SCHMIDT   Für mich ist diese Reise eine Sentimental Journey, Harry. Das erste Mal war ich 1958 oder '59 in Singapur. Sie waren damals noch nicht an der Regierung.

LEE   Ich kam 1959 ins Amt.

SCHMIDT   Dann war mein Besuch wahrscheinlich 1958. Ja, auf dem Weg nach Japan und Südkorea. Man hatte mir gesagt, ich solle zwei Tage Singapur einplanen. Die einzige Unterkunft damals war das Raffles Hotel. Die britischen Kolonialbeamten tranken dort ihren Whiskey, während sie so taten, als würden sie Tee trinken. Steht es noch?

LEE   Ja. Innen ist es neu gestaltet, aber die Fassade ist erhalten geblieben.

SCHMIDT   Sieht es noch aus wie zu Kolonialzeiten?

LEE   Ja. Man wollte, dass es auch weiterhin so aussieht, für die Leute, die von ihm gehört haben. Somerset Maugham, ein britischer Schriftsteller, hat über das Hotel geschrieben. Wenn mich britische Minister besuchen und ich es versäume, einen Besuch im Raffles Hotel aufs Programm zu setzen, dann bitten sie mich, sie dorthin zu bringen und es Ihnen zu zeigen.

SCHMIDT   Somerset Maugham, das ist eine Generation vor uns.

LEE   Ja, ich glaube, noch etwas mehr.

SCHMIDT   Sie lesen also gute Literatur?

LEE   Nein, nein (lacht). Ich lese nur zum Zeitvertreib.

SCHMIDT   Und ich arbeite nur zum Zeitvertreib.

(LEE lacht.)

SCHMIDT Abends lese ich neuerdings Shakespeare. Ich lese auch Lord Byron. Shakespeare ist leichter zu verstehen als Lord Byron, bei ihm gibt es so viele symbolische Figuren. Man muss über die Symbole und ihre Namen viel nachdenken. Ich glaube, er ist früh gestorben, in seinen Dreißigern.

LEE Er war ein Dichter.

SCHMIDT Sie sind mit Byron und Shakespeare aufgewachsen?

LEE Ja.

SCHMIDT Und was hat Sie zum Chinesen gemacht?

LEE Die Wahlkämpfe.

SCHMIDT Ist das der wirkliche Grund? Haben Sie in Ihren Wahlkämpfen nicht englisch gesprochen?

LEE Nein, nein, ich musste chinesisch sprechen.

SCHMIDT Und wie gut war Ihr Chinesisch?

LEE Sehr schlecht. Aber trotzdem, man jubelte mir zu, weil ich es versuchte …

SCHMIDT Danke für die beiden Bücher, die Sie mir vorgestern geschickt haben. Sie trafen ein, als ich gerade beim Packen war. Ich habe sie nicht mitgebracht. Das eine über die Umwandlung Singapurs in eine zweisprachige Stadt interessiert mich besonders. Es muss eine gewaltige Anstrengung gewesen sein.

LEE Es war eine sehr qualvolle und schwierige Aufgabe.

SCHMIDT Was war das Hauptproblem?

LEE Dass viele Chinesisch zur herrschenden Sprache machen wollten, denn Singapur ist eine überwiegend chinesische Stadt. Aber ich habe ihnen gesagt, dass sie mich erst besiegen müssten, wenn sie das durchsetzen wollten, denn meine Aufgabe sei es, diesen Ort lebensfähig zu machen. Und wenn wir uns für Chinesisch entschieden, würden wir das nicht schaffen. Entschieden wir uns dagegen für Englisch, würde uns die ganze Welt offenstehen. Und wir würden für die Welt offenstehen.

SCHMIDT Wann haben Sie sich dafür entschieden, die Stadt zu einer zweisprachigen Stadt zu machen?

LEE Nun, schon sehr früh, denn es war der einzige Weg, um Chinesen, Inder, Malaien und andere Volksgruppen zusammenzuhalten. Mit Chinesisch als Amtssprache wären die anderen benachteiligt gewesen, und es hätte endlose Unruhen gegeben wie in Sri Lanka. Mit Malaiisch als Amtssprache wären wir nicht weit gekommen. Hätten wir Tamilisch zur Amtssprache gemacht, das so wenige sprachen, hätte man uns für verrückt gehalten. Also habe ich gesagt, wir nehmen Englisch, und jeder behält seine Muttersprache als zweite Sprache. Welches Niveau ihr in dieser zweiten Sprache erreichen wollt, ist eure Sache, aber Englisch ist Pflicht für alle.

SCHMIDT Ab wann lernen die Kinder in Singapur Englisch? Von der ersten bis zur neunten Klasse?

LEE Vom Kindergarten an.

SCHMIDT Und seit wann ist das so?

LEE Den Beschluss, Englisch zur Amtssprache in unserem Land zu machen, fassten wir gleich 1959. Zu der Regelung, im Kindergarten anzufangen, gelangten wir schrittweise 1965, 1967.

SCHMIDT Das war sehr früh – eine große Leistung! Ich denke manchmal, dass das Vorhandensein von 35 Sprachen eines der größten Hindernisse für die Europäische Union ist.

LEE Ja. Das ist der Grund, warum Amerika erfolgreich ist.

SCHMIDT Und der Grund, warum Europa sich so schwertut.

LEE Einer der Gründe.

SCHMIDT Richtig.

LEE Ein weiterer Grund ist der Euro.

SCHMIDT Lassen Sie uns über den Euro später sprechen. Ich würde gern noch etwas beim Thema der Zweisprachigkeit bleiben.

LEE Bitte.

SCHMIDT Wenn man an seiner nationalen Sprache festhält, bedeutet es, von einer Welt umgeben zu sein, die andere Sprachen spricht, und das sind meist keine sehr freundlichen Sprachen. Denn was ich von meinem Nachbarn am besten kenne, ist der

Schaden, den er mir in der Vergangenheit zugefügt hat, und seine Sprache ist mit diesen Erinnerungen unlöslich verknüpft. Das ist doch richtig?

LEE   Ja. Als die Briten aus Malaysia abzogen, entschieden sich meine Nachbarn dafür, das Englische aufzugeben und zum Malaiischen zurückzukehren. Dafür haben sie einen ökonomischen Preis gezahlt. Sie versuchen es jetzt rückgängig zu machen, aber die Lehrer sind fort, die Lehrbücher gibt es nicht mehr, und die malaiischen Sprachchauvinisten wollen sie nicht zum Englischen zurückkehren lassen. Es ist zu spät. Sie haben also wirklich einen hohen Preis dafür gezahlt.

SCHMIDT   Vor allem wenn sie auf das heutige Singapur schauen, dürfte ihnen bewusst werden, dass sie einen Fehler gemacht haben, als sie sich vom Englischen abwandten.

LEE   Ja, das haben sie.

SCHMIDT   Wie viele Menschen leben in Malaysia?

LEE   Auf der Halbinsel Malaysia sind es rund 15 Millionen. Aber dazu kommen noch Sabah und Sarawak auf Borneo, jenseits des Meeres. Dort leben weitere drei oder vier Millionen.

SCHMIDT   Als ich vor rund zwanzig Jahren einmal Mahathir besuchte, empfing er mich wie der Kaiser von China, von einem erhöhten Platz auf mich herabschauend (beide lachen). Ich habe mich gefragt, ob das üblich war oder ob er sich nur gegenüber einem armen Europäer so verhielt. In gewisser Weise erinnerte mich sein Verhalten an einen Europäer aus der Tschechischen Republik – Präsident Václav Klaus. Haben Sie Klaus einmal getroffen?

LEE   Klaus?

SCHMIDT   Aus Prag. Er ist Präsident der Tschechischen Republik.

LEE   War er derjenige, der im Gefängnis gesessen hat?

SCHMIDT   Nein, das war Václav Havel. Klaus ist der gegenwärtige Präsident. Er mag den Euro genauso wenig wie Sie (lacht). Er ist sehr halsstarrig. Die Ähnlichkeit zwischen Mahathir und Klaus besteht für mich darin, dass auch Klaus mich auf einem erhöhten Sitz empfing. Als ich seinen Amtssitz betrat, erinnerte ich mich an Malaysia. Als ich das erste Mal in China war und der Kaiser von China mich empfing – der damals, nebenbei gesagt, Mao Zedong hieß –, saß er nicht auf einem erhöhten Platz.

LEE   Nein, der nicht.

SCHMIDT   Haben Sie Mao kennengelernt?

LEE   Ja.

SCHMIDT   Wann war das?

LEE   In seinem Todesjahr, vor dem Erdbeben.

SCHMIDT   Er starb 1976.

LEE   Ja, ich bin im Mai mit ihm zusammengetroffen. Das Erdbeben ereignete sich später im Jahr, und er starb zur Zeit des Erdbebens.

SCHMIDT   Ich habe ihn ein halbes Jahr vorher kennengelernt, 1975. Ich war auf Einladung Zhou Enlais dort, der war aber schon sehr krank, als ich eintraf. Er lag im Krankenhaus und konnte mich nicht empfangen. Stattdessen traf ich mit Mao zusammen. Deng Xiaoping musste damals äußerst vorsichtig agieren, wenn er seinen Kopf behalten wollte.

LEE   Mao war ein großer Guerillakämpfer, der China befreite. Aber er hat China durch die Kulturrevolution auch für zwei, drei Jahrzehnte zerstört, und er hat Universitäten geschlossen. Ohne Deng Xiaoping wäre das Land zusammengebrochen. Er gehörte zur alten Garde und besaß die Autorität, das Ruder herumzureißen.

SCHMIDT   Ich denke, schon die Periode vor der damals sogenannten »Großen Proletarischen Kulturrevolution« hat als Periode des »Großen Sprungs nach vorn« den Chinesen großen Schaden zugefügt.

LEE   15 Millionen Menschen starben.

SCHMIDT   Nach neueren Forschungen sollen es weit mehr gewesen sein.

Der erste Besuch eines deutschen Bundeskanzlers in der Volksrepublik China:
Helmut Schmidt bei Mao Zedong, Oktober 1975.

LEE Sie starben an Hunger. Weil man alle Messer, Gabeln und Löffel einschmolz. Er wollte so viel Stahl wie möglich produzieren. Der Mann war verrückt. Er glaubte, nachdem er China befreit hatte, könnte er auf die gleiche Weise die Welt umgestalten.

SCHMIDT Er hat Marx auf den Kopf gestellt. Er dachte, man brauche kein Industrieproletariat, das ländliche Proletariat genüge. Aber die Bevölkerung auf dem Land ist normalerweise nicht rebellisch.

LEE Da bin ich mir nicht sicher. Ich denke, heutzutage ist die Landbevölkerung sehr unzufrieden, weil sie dank Smartphone, Internet und nationalem Fernsehen sehen kann, wie wohlhabend die Städte an der Küste sind und wie ärmlich ihr eigenes Zuhause ist.

SCHMIDT Dieses Wohlstandsgefälle zwischen den Küstenstädten und den Menschen in der Landwirtschaft ist das größte Problem, das China heute hat.

LEE Ja, aber auch die großen Unterschiede innerhalb der Städte selbst. Denn viele haben das Land verlassen, um in die Städte zu ziehen und dort zu arbeiten und ein besseres Leben zu führen. Aber sie haben kein Anrecht auf Gesundheit, Bildung und so weiter und meist nur wenig Teilhabe an den Errungenschaften der modernen Zivilisation.

SCHMIDT Ich denke, Mao hat zwei große Dinge getan. Erstens die Wiedererrichtung des Reichs der Mitte, des Middle Kingdom, wie die Engländer sagen.

LEE Ja.

SCHMIDT Und zweitens die Befreiung der Frauen. Ich denke, auch dies ist sein Verdienst.

LEE Das wäre sowieso geschehen.

SCHMIDT Es wäre sowieso geschehen?

LEE Weil sich, sobald Frauen eine Bildung erhalten, ihre Arbeitschancen und ihre sozialen Beziehungen verändern.

SCHMIDT Manche Frauen in Europa, in Frankreich ebenso wie in Italien und Deutschland, waren schon um das Jahr 1800 herum gebildet. Aber wirklich frei waren sie nicht.

LEE Über das Europa des 19. Jahrhunderts weiß ich nicht viel, aber ich kenne China und Singapur. Wenn Frauen eine Bildung erhalten und ihren Lebensunterhalt verdienen und ein höheres Einkommen als Männer beziehen können, weil sie klüger sind, dann hat man die sozialen Koordinaten verändert.

SCHMIDT Die Befreiung der Frauen in China wäre also sowieso gekommen? Und Mao hätte nicht viel damit zu tun?

LEE Nein. Er lebte wie ein Kaiser mit vielen jungen Mädchen um sich herum.

SCHMIDT Oh, ja!

LEE Das ist keine Befreiung der Frauen.

SCHMIDT Als ich Mao besuchte, waren drei Mädchen bei ihm (LEE lacht). Sie waren damals als sogenannte Dolmetscherinnen notwendig. Sie mussten sich erst untereinander verständigen, um klarzustellen, wie sie seine Worte wiedergeben sollten.

LEE Eine hörte ihm zu …

SCHMIDT Das war wohl seine Nichte …

LEE Ja, weil er einen merkwürdigen Hunan-Akzent hatte, den sie für die Dolmetscherinnen ins Hochchinesische übersetzte.

SCHMIDT Außerdem hatte Mao eine undeutliche Aussprache. Das wurde bei jedem zweiten Satz zum Problem.

LEE Ja, und die Dolmetscherinnen machten Notizen. Sie schrieben seine Worte auf, um sie ihm zu zeigen …

SCHMIDT Genau. Die Mädchen zeigten ihm ihre Notizen und fragten ihn: »Haben Sie es so gesagt?« Dann nahm er einen Stift und fügte irgendetwas hinzu, und sie waren zufrieden. Und dann ging das Gespräch weiter.

LEE Worüber sprach er mit Ihnen?

SCHMIDT Er sprach über einen Krieg zwischen der Sowjetunion und China. Er begrüßte mich mit den Worten »Sie sind Kantianer«, was übrigens nicht ganz richtig ist, »und ich bin Marxist«, was noch weniger richtig war. Und dann begann er über die Russen herzuziehen. Er wusste alles über die Zahl ihrer Divisionen, Kanonen und Panzer, und wie viele Raketen sie hatten, um die chinesischen Städte zu zerstören. Aber China hätte viel mehr Menschen; deshalb würden sie die Russen nach China hereinkommen lassen und sie dann im Meer der chinesischen Massen ertränken. Er war recht zuversichtlich, was den Ausgang eines Krieges zwischen China und Russland anging.

LEE   Das war das, was Mao Ihnen gesagt hat. Als ehemaliger Guerillakämpfer muss er aber gewusst haben, dass eine große Armee wie die russische ins Land zu lassen, etwas völlig anderes bedeutet hätte, als gegen die Kuomintang zu kämpfen. Es war alles Prahlerei, das versichere ich Ihnen. Er muss vor den Russen Angst gehabt haben. Deshalb wurde ja Nixon, als er nach China reiste, von Mao und Zhou Enlai willkommen geheißen. Sie erinnern sich, dass Nixon Henry Kissinger geschickt hatte, um den Boden zu bereiten. – Henry lässt Sie übrigens herzlich grüßen.

SCHMIDT   Danke.

LEE   Wir sprechen alle zwei Monate eine Stunde lang am Telefon miteinander.

SCHMIDT   Da haben Sie ein Privileg, denn ich kann mich nicht am Telefon unterhalten. Ich verstehe den anderen akustisch nicht. Telefonieren Sie auch mit George Shultz?

LEE   Selten. Wir korrespondieren.

SCHMIDT   Nächste Woche bekommt er in Berlin einen Preis, der Preis trägt den Namen von Henry Kissinger. Dann werden wir drei wieder zusammen sein, nur Sie werden fehlen.

LEE   Übermitteln Sie ihnen meine besten Wünsche!

SCHMIDT   Das werde ich gern tun. – Um aufs Thema zurückzukommen: Mao schien die Sowjetunion für den nächsten potentiellen Gegner zu halten, nicht die Amerikaner.

LEE Weil die Amerikaner keinen Anspruch auf chinesisches Territorium erhoben.

SCHMIDT Ja, das war einer der Gründe.

LEE Aber die Sowjetunion eignete sich große Gebiete am Amur an, die früher zu China gehört hatten und deren Zugehörigkeit zu Russland es anerkennen musste.

SCHMIDT Schließt das Wladiwostok ein?

LEE Nein. Es sind Gebiete weiter im Inland.

SCHMIDT Aber die territorialen Streitigkeiten waren nicht der eigentliche Grund für Maos Feindschaft.

LEE Schon seit seiner ersten Reise nach Moskau betrachtete er die Russen als Feinde.

SCHMIDT Richtig.

LEE Weil sie ihn wie einen Bittsteller behandelten und nicht als Gleichen.

SCHMIDT Sie behandelten ihn, wie Mahathir mich behandelte.

(Beide lachen.)

LEE Nach dem Besuch bei Stalin 1949 stand Maos Meinung über Russland fest. Es war seine erste Reise ins Ausland. Er war Bibliothekar an der Universität Peking gewesen und hatte Bücher über die Welt gelesen. Russland war das einzige Land, das er überhaupt je besuchte, und er gewann den starken Eindruck, dass es eine imperialistische Macht war.

SCHMIDT Richtig. Und seine zweite Reise führte ihn wieder nach Moskau.

LEE Aber dann herrschte bereits Chruschtschow.

SCHMIDT Das bringt mich zu einer allgemeinen Bemerkung. Solche Reisen sind sehr aufwendig und unterliegen vielfachen Einschränkungen. Andererseits ist es die Art, wie wir die Welt kennengelernt haben.

LEE (lacht) Nicht wirklich, nein.

SCHMIDT Sie haben die Welt während Ihres Studiums in Cambridge auf andere Weise kennengelernt.

LEE   Ja, aber ich bin immer viel gereist, bin durch die Straßen spaziert, habe Leute kennengelernt. In den Ferien bin ich oft nach Frankreich gefahren, auf wunderbare Weingüter, die Unternehmern in Paris gehörten, die dort ihre Wochenenden verbrachten. Eine wunderschöne Landschaft. Das letzte Mal war ich vor zehn oder 15 Jahren da, es bietet für mich eine überaus angenehme Urlaubsatmosphäre.

SCHMIDT   Es ist mehr als dreißig Jahre her, dass wir uns kennengelernt haben. Erinnern Sie sich daran?

LEE (Pause)   Nein.

SCHMIDT   Ich kann mich auch kaum noch daran erinnern. Aber ich weiß, dass wir beide im Amt waren und dass ich auf einer offiziellen Reise, wahrscheinlich auf der Rückreise von Japan, durch Singapur kam. Sie haben mir Ihren wundervollen botanischen Garten gezeigt, Loki war dabei, und sie war ganz begeistert. An sehr viel mehr kann ich mich nicht erinnern. Es ist furchtbar, die Erinnerung schwindet.

LEE   Nein! Sie ist durch neue Bilder, Erinnerungen, Ereignisse überlagert worden. Es ist so wie bei einer Fotomontage. Und man muss die Erinnerung durchforsten.

SCHMIDT   Sicher war es ein Besuch vom Flughafen zum Gästehaus, vom Gästehaus zum Tagungsort, dann zurück zum Gästehaus und wieder zum Flughafen – eine Fotomontage aus vielen, vielen Fotos.

LEE   Sehr richtig. Und wenn man alle Fotos von Ereignissen, an denen man teilgenommen hat, nebeneinander legt, können sie die Erinnerung auffrischen. Ah ja, sagt man dann, ich erinnere mich an diese Person. Und wenn man das Foto beschriftet hat …

SCHMIDT   Wir haben Sie letztes Jahr vermisst, als George Shultz, Henry Kissinger und ich uns in den Vereinigten Staaten getroffen haben. Wir haben Sie sehr vermisst. Da Sie sagten, Sie könnten nicht kommen, haben wir versucht, unsere Erinnerungen zusammenzufügen.

LEE Es wäre eine zu lange Reise gewesen, und ich hatte eine schwere Zeit.

SCHMIDT Choo war gerade gestorben?

LEE Ja.

SCHMIDT Dafür habe ich volles Verständnis. Es dürfte mehr als ein Jahr dauern, bis man es überwunden hat …

LEE Ich bin mir nicht sicher, dass ich es überwunden habe.

SCHMIDT Ich auch nicht.

LEE Es ist eine große Lücke. Aber so ist das Leben. Einer muss als Erster gehen.

SCHMIDT Ja, man sagt sich, dass dies der normale Gang des Lebens ist – aber die Last bleibt die gleiche.

LEE Es tut sehr weh.

MATTHIAS NASS Können Sie uns etwas über Ihrer beider Freundschaft erzählen und über Ihre Freundschaft mit Henry Kissinger und George Shultz? Was verbindet Sie vier? Welche Art von Erfahrungen?

LEE Vielleicht haben wir eine ähnliche Geisteshaltung und sehen die Welt zwar aus unterschiedlichen Blickwinkeln, aber in derselben Perspektive. Also tauschen wir unsere Ansichten aus. Ich meine, Helmut sagt mir geradeheraus, was er denkt, und ich sage ihm geradeheraus, was ich denke. So habe ich im Lauf der Zeit gelernt, bei Themen, über die er Bescheid weiß, seinem Urteil zu vertrauen, und ich nehme an, das gilt auch umgekehrt.

SCHMIDT Ich stimme Ihnen zu. Seine eigenen Gedanken auszusprechen und sie nicht zu verbergen, schafft Vertrauen. Und das Vertrauen führt dazu, offener zu sein, als man es gestern und vorgestern war. Es baut sich also nach und nach auf. Manchmal trifft man einen Menschen, zu dem man schneller Vertrauen fasst als zu anderen, doch das ist ziemlich selten.

MATTHIAS NASS Kommt es im Leben eines Politikers oft vor, dass er sich mit einem anderen Politiker anfreundet? Ist das eher selten, oder geschieht es häufiger?

LEE Man befreundet sich nicht, nur weil der andere ein Staatsmann ist. Man schließt Freundschaft, wenn man beginnt, Vertrauen zu ihm zu fassen, wenn er aufrichtig zu einem ist und man weiß, dass er aufrichtig zu einem ist; dann wird man selbst auch aufrichtig zu ihm, und das Vertrauen zueinander wächst.

SCHMIDT Richtig. Am Ende seines Lebens wurde Breschnew zu einer Art persönlichem Freund von mir. Wir hatten verabredet, über die Raketen in Europa zu sprechen. Ich hatte ihn gebeten, seine Karten mitzubringen, und ich wollte meine Karten mitbringen. Wir legten diese Karten mit all den roten »Geheim«- und »Streng geheim«-Stempeln und den Aufstellungsorten der Raketen auf einen großen Tisch. Es wurde klar, dass meine Sorgen wegen der neuen russischen Mittelstreckenraketen berechtigt waren. Da wischte er seine Karten vom Tisch und sagte: »Was für ein Mist!« Er meinte es wirklich so. Er war tief bewegt. Ein Jahr später ist er gestorben. Am Ende seines Lebens hatte er die Tragik unserer gegenseitigen Rüstungen verstanden.

LEE Die Russen haben einen hohen Preis dafür bezahlt. Die Bevölkerung nimmt ab, der Alkoholismus nimmt zu, es gibt eine sehr niedrige Geburtenrate …

SCHMIDT Ihre Geburtenrate ist fast so niedrig wie unsere, rund 1,5.

LEE In Japan liegt die Geburtenrate bei nur knapp über 1; statt zwei Japanern wird es in Zukunft also nur einen geben. Bei uns ist die Situation genauso schlecht: Unsere Rate liegt bei 1,08. Wir können nichts dagegen tun, außer die Einwanderung zu erhöhen. Die Frauen sind gebildet. Sie können genauso viel und manchmal mehr als Männer verdienen. Sie können ein bequemes Leben führen und sehen keinen Grund, zu heiraten, da sie nicht von den Männern abhängig sind.

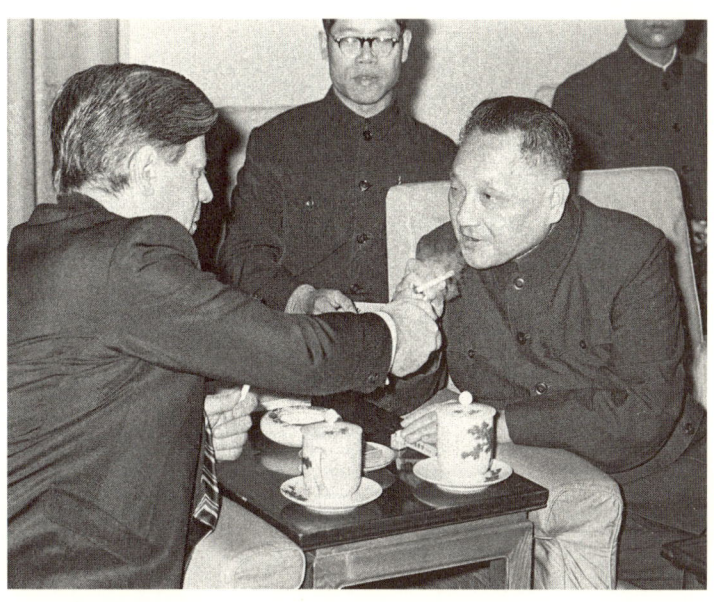

Auf seiner China-Reise 1975 lernte Helmut Schmidt auch den damaligen stellvertretenden Ministerpräsidenten Deng Xiaoping kennen, der drei Jahre später die Reformpolitik in die Wege leitete.

SCHMIDT   Aber das geschieht in einer Welt, deren Bevölkerung sich im 20. Jahrhundert vervierfacht hat und im 21. sich möglicherweise noch einmal verdoppeln wird.

LEE   Ich bin nicht sicher. Sie verdoppelt sich in bestimmten Ländern. Je höher entwickelt ein Land ist, desto geringer ist das Bevölkerungswachstum und umso größer der Rückgang.

SCHMIDT   Ich spreche von den Bevölkerungszahlen für die Welt insgesamt. Am Anfang des 20. Jahrhunderts gab es rund 1,5 Milliarden Menschen auf der Erde, heute sind es sieben Milliarden, und in der Mitte des Jahrhunderts werden es annähernd acht oder neun Milliarden sein, sechsmal so viele wie im Jahr 1900. Damals lebten die Menschen in Singapur in Hütten nebeneinander, während sie heute in zwanzigstöckigen Häusern übereinander leben. Die Menschheit lebt heute in zunehmendem Maß in Städten. Ob Sie nach Peking, Shanghai oder Guangzhou gehen, nach Kairo, São Paulo oder Mexico City, es ist überall auf der Welt das Gleiche. Die Städte werden immer größer, und das heißt, man wird es in Zukunft mit Massen von Menschen zu tun haben, die geballt an einem Ort leben und deshalb psychologisch leicht zu beeinflussen sind.

LEE   Die Chinesen planen in Zentralchina vier Städte für jeweils 40 Millionen Menschen. Weil die Verlagerung vom Land in die Städte unumkehrbar ist, die chinesische Führung aber nicht will, dass alle an die Küste strömen, weil sie sich dort ein besseres Leben erhoffen.

SCHMIDT   Aber diese Bevölkerungsexplosion in den letzten rund hundert Jahren …

LEE   Nun, ich sehe die Gefahr heute eher im Bevölkerungsschwund. Das bereitet mir Sorgen. Da sind auf der einen Seite die entwickelten Länder mit einer Technologie, die einen hohen Lebensstandard bietet, und auf der anderen Seite Massen von Menschen, die sie um diesen Lebensstandard beneiden und legal oder illegal an ihm teilhaben wollen, aber nicht die Fertigkeiten

*Schmidt und Deng beim Bankett; zum Nachtisch gab es
Lotoskerne mit Lilienschuppen.*

und das Wissen besitzen, um die Wirtschaft zu führen und die Technologie zu meistern. In den entwickelten Ländern sind Frauen gebildet und haben Arbeit; sie haben keine Veranlassung, erstens zu heiraten und zweitens, nachdem sie geheiratet haben, zu viele Kinder zu bekommen, die sie davon abhalten, zu reisen und das Leben zu genießen. Wenn sie Kinder haben, dann meistens nur eins.

SCHMIDT Das trifft auf große Teile Europas zu, auch auf Russland, auf Japan, auf Singapur. Es trifft nicht zu für den Rest der Welt.

LEE Ja, und folglich wird es zu Grenzproblemen kommen. Deshalb glaube ich, dass Schengen nicht haltbar ist, weil die Menschen, Nordafrikaner und Schwarzafrikaner, das Mittelmeer überqueren, um nach Europa zu gelangen.

SCHMIDT Es ist ein Weg in unvermeidliche Kriege.

LEE Ja, und der einzige Weg, solche Kriege aufzuhalten, besteht darin, die Frauen in Afrika auszubilden, damit sie eine Arbeit finden und nicht glauben …

SCHMIDT Was zwei Generationen dauern könnte.

LEE Ja, aber immer noch besser, als es nicht zu versuchen.

SCHMIDT Das stimmt, aber es braucht Zeit, und in vielen Ländern wird es nicht funktionieren, insbesondere in islamischen Ländern wird es nicht funktionieren.

LEE Wenn der Prophet einem Mann vier Frauen erlaubt, dann will er, dass man sich vermehrt.

SCHMIDT Vier Frauen sind tatsächlich nur in Saudi-Arabien erlaubt, soviel ich weiß – und für Bin Laden! Aber die hohe Geburtenrate in islamischen Ländern ist nicht darauf zurückzuführen, dass ihnen mehr als eine Frau erlaubt ist. Es liegt eher daran, dass Frauen in der arabischen Gesellschaft nichts zu sagen haben. Sie werden behandelt, als hätten sie keinen eigenen Willen.

LEE Die Ungleichbehandlung der Geschlechter besteht allerdings nicht nur in den arabischen Ländern, es gibt sie auch in vielen afrikanischen Gesellschaften.

SCHMIDT In der Tat kommen nicht nur Araber über das Mittelmeer, sondern auch Schwarzafrikaner. Sie kommen aus dem ganzen Nahen Osten. Sie kommen noch nicht wieder aus dem Iran, aber sie werden ebenso aus dem Iran kommen, wie sie seit Jahrzehnten aus der Türkei kommen. Was Inder und Chinesen angeht, bin ich mir nicht sicher, aber sie gehen zu zig Millionen in die Vereinigten Staaten.

LEE Die Chinesen werden bald mit einem Entvölkerungsproblem konfrontiert sein. Die Ein-Kind-Politik wird die Bevölkerung drastisch verringern, und es wird ein Ungleichgewicht zwischen Männern und Frauen entstehen, weil die Frauen nach einer Ultraschalluntersuchung weibliche Föten abtreiben, so dass viele Männer keine Frau finden. Das ist ein großes Problem. Entvölkerung und ungleiche Geschlechterverteilung sind also ein Punkt.

SCHMIDT Diese Politik wird jetzt seit mehr als dreißig Jahren betrieben. Sie wurde unter Deng eingeführt. Hat er die Folgen vorausgesehen?

LEE Ich glaube nicht. Deng hat das Problem wahrscheinlich nicht verstanden, und vielleicht habe auch ich es früher nicht verstanden. Aber jetzt weiß ich, dass die Demographie das Schicksal eines Landes bestimmt – ob man in der Lage ist, die Geburtenrate und die Bevölkerung zu halten, ohne Letztere zu vergrößern, was einem Faktor von 2,1 Kindern pro Familie entspricht. In Singapur haben wir den Faktor auf 1,08 verringert und werden innerhalb von 18 Jahren auf die Hälfte schrumpfen.

SCHMIDT In den Vereinigten Staaten wird die unterschiedliche demographische Entwicklung dazu führen, dass Afroamerikaner und Hispanics in der Mitte des Jahrhunderts gemeinsam die Mehrheit der Wählerschaft stellen.

LEE Amerika lebt von seiner Vielfalt, und es ist ungeheuer mobil.

Die Amerikaner reisen in Autos mit billigem Benzin ungehindert kreuz und quer über den Kontinent. So geht ein erfolgreicher Mann wie James Baker, der frühere Außenminister, nach Austin zurück, um dort ein Zentrum aufzubauen, ein neues Washington, das die Menschen anzieht. Ich habe einen Freund in Utah, John Huntsman, einen Mormonen. In seiner Familie ist Prostatakrebs verbreitet, aber er ist ein reicher Mann, also hat er eine Stiftung gegründet und Experten für Prostatakrebs aus ganz Amerika und dem Ausland nach Utah geholt, um die Ursache von Prostatakrebs und mögliche Behandlungen zu erforschen. In seiner Vielfalt unterscheidet sich das Land von Europa – zum Beispiel von Frankreich, wo alles um Paris herum zentriert ist, oder von Großbritannien, wo alles um London, Oxford und Cambridge zentriert ist, oder auch von Deutschland, wo sich alles auf Frankfurt und neuerdings auf Berlin fokussiert.

SCHMIDT Deutschland ist kein gutes Beispiel, denn es hatte und hat viele größere und kleinere kulturelle Zentren, die Universitäten sind über das ganze Land verteilt. Aber lassen wir Deutschland beiseite. Fahren Sie fort.

LEE In Europa gibt es eine Konzentration der Spitzenelite an wenigen Orten. In Amerika ist sie verteilt.

SCHMIDT Dennoch finde ich es immer wieder bedauernswert, dass Leute wie Dean Acheson, George Marshall, Jack McCloy, dass fast alle Leute der alten Ostküsten-Elite verschwunden sind.

LEE Nun, sie waren das Produkt ihrer Zeit. Am Ende des Zweiten Weltkriegs lag Europa in Trümmern, alles war zerstört, und Leute wie Marshall oder Dean Acheson glaubten, dass die westliche Zivilisation auf dem Spiel stand.

SCHMIDT Ich würde sogar Jack Kennedy dazuzählen.

LEE Ich bin nicht sicher, dass er so tiefschürfend dachte. Aber Marshall und Dean Acheson definitiv. Sie sahen die westliche Zivilisation in Gefahr. Deshalb kam es zum Marshallplan, der Europa wiederbeleben sollte.

SCHMIDT Und Kennan spielte eine Rolle.

LEE George Kennan spielte eine wichtige Rolle, weil er die Bedrohung durch die Sowjetunion erkannte.

SCHMIDT Ich war in der zweiten Hälfte der fünfziger Jahre mehrmals im Jahr in den Vereinigten Staaten und versuchte die Beweggründe für das Verhalten amerikanischer Generäle herauszufinden. Ich wollte die militärische Strategie der Vereinigten Staaten verstehen. Dabei stellte ich fest, dass eine interne Diskussion geführt wurde, die man teilweise ernst nehmen musste und teilweise nicht. Es gelang mir, in den inneren Kreis der ernst zu nehmenden Leute vorzudringen und Zugang zu vielen interessanten Gesprächspartnern zu finden. Das brachte mich Anfang der sechziger Jahre dazu, ein Buch mit dem Titel Defence or Retaliation zu schreiben, der deutsche Titel war ähnlich knapp: Verteidigung oder Vergeltung. Wir entschieden uns für Verteidigung und lehnten Vergeltung ab. Damals, in den fünfziger und sechziger Jahren, hatte ich den Eindruck, dass es die Ostküstenelite war, die das Denken und Handeln der USA weitgehend bestimmte. Deshalb beschäftigte es mich sehr, als sie Texanern und Kaliforniern Platz machte, Ronald Reagan, Jimmy Carter, George W. Bush usw.

LEE (lacht) Sie haben schlechte Beispiele gewählt. Aber meiner Meinung nach sind die USA noch immer eine dynamische Gesellschaft.

SCHMIDT Dynamisch?

LEE Ja, eine Gesellschaft von Einwanderern.

SCHMIDT In diesem Punkt stimme ich Ihnen voll zu.

LEE Sie ist jung, sie hat eine kurze Geschichte, sie ist nicht durch alte Fehden belastet, und sie lebt auf einem großen Kontinent – voller Büffel, die sie inzwischen allerdings abgeschlachtet hat. Ich halte die USA für eine dynamische Gesellschaft voller Ideen. Denken Sie nur an iPhone und iPad, an das Internet, an Microsoft.

SCHMIDT Das kommt alles mehr oder weniger aus Stanford, aus Palo Alto.

LEE Das stimmt. Der Erfolg liegt zu einem großen Teil auch an der Sprache und daran, dass man Talente aus dem Ausland willkommen heißt. Englisch ist in allen Ländern der Welt die erste oder zweite Sprache. Deshalb wird jeder Geistesblitz, ob nun aus Europa, China, Korea, Japan, Indien oder Südostasien, letztlich in Amerika einschlagen.

SCHMIDT Da stimme ich Ihnen zu. Andererseits bedaure ich die Tatsache, dass die Kontinuität der amerikanischen Strategie verlorengegangen ist.

LEE Nun, das liegt daran, dass die Amerikaner eine kurze Geschichte haben und ungeduldig sind. Sie wollen rasche Ergebnisse.

SCHMIDT Sie wollen rasche Ergebnisse, das ist wahr. Und auch die Wähler wollen rasche Ergebnisse. Jede Wählerschaft will rasche Ergebnisse, sogar die Wähler in Singapur.

LEE Ja, aber man muss sie zügeln. Manche Ziele sind in ein oder zwei Wahlperioden nicht zu erreichen, sondern erst in einer Generation. Aber man muss diese Ziele verfolgen.

SCHMIDT Wenn ich die Haltung der europäischen Politiker insgesamt betrachte, so gibt es bei uns nicht wenige, die es für klug und wirksam halten, über große Visionen zu reden, von denen sie eigentlich wissen müssten, dass für deren Verwirklichung drei Generationen nötig sind. In allen großen Wahlkämpfen in Europa – erst in Frankreich, demnächst in Deutschland – geht es auch um Visionen, die niemals Wirklichkeit werden.

LEE Ja, viele Politiker malen Luftschlösser.

SCHMIDT Was Sie in diesem Land geleistet haben, Harry, waren keine Luftschlösser.

LEE Nun, ich hatte es mit einer Einwanderergesellschaft ohne alte Gegensätze und Feindschaften zu tun, das war ein Vorteil. Ich gab ihr mit dem Englischen eine gemeinsame Plattform und sorgte für einen Wettbewerb unter Gleichen, bei dem jeder nach seinen Verdiensten befördert wird, unabhängig von Rasse, Sprache, Kultur. Das schuf eine nationale Solidarität.

SCHMIDT Wäre das auch ohne Lee Kuan Yew geschehen?

LEE Es hätte auch jemand anderes tun können, aber diese Bedingungen waren eine Grundvoraussetzung.

SCHMIDT Keiner von uns vier, weder George Shultz noch Henry Kissinger noch ich selbst, war in einer vergleichbaren Position.

LEE Sie hatten mit vielen Menschen zu tun, die durch eine lange Geschichte geformt wurden.

SCHMIDT Ja. Sie nicht?

LEE Sie müssen aber bedenken, dass viele von ihnen ihre Geschichte in China, Indonesien oder Indien hatten. Also habe ich ihnen gesagt: Hört zu, vergesst das. Entweder ihr sorgt dafür, dass dieser Ort funktioniert, indem ihr euch kümmert und für die Zukunft arbeitet, oder ihr hängt weiterhin der Vergangenheit nach, dann werden wir scheitern. Und nachdem sie sich aus eigener Kraft von ihren Ländern losgerissen hatten, um nach Singapur zu gehen, waren sie entschlossen, einen Erfolg daraus zu machen. Dies war die Basis, die meine Politik ermöglicht hat.

MATTHIAS NASS Was hat Sie dazu bewogen, in die Politik zu gehen? Waren es die Erfahrungen mit dem britischen Kolonialismus?

LEE Der britische Kolonialismus war in vieler Hinsicht gemäßigt. Man hat uns eine Bildung zukommen lassen. So erhielt ich meine Bildung von den Briten und bin nach Cambridge gegangen. Sie wussten, dass sie eines Tages die Macht würden abgeben müssen. Deshalb wollten sie eine Schicht heranbilden, eine Elite, die ihnen freundlich gesinnt war. Es gibt daher keine allzu große Bitterkeit und Wut gegen sie, denn sie wussten, dass sie das Land nicht zusammenhalten konnten. Nach 1947, als Indien ihnen verlorenging, verschwanden auch die anderen Kolonien eine nach der anderen – Ceylon, Burma, Malaysia und schließlich Singapur. Wir hatten also den Vorteil, eine Kolonialmacht zu haben, die erkannte, dass sie sich im Niedergang befand und verlieren musste, und die deshalb würdevoll verlor, indem sie sich zurückzog. Wir mussten also nicht besonders hart kämpfen; wir brauchten nur gegen die Tür zu drücken, und schon öffnete sie sich.

SCHMIDT Dachten Sie damals schon über asiatische Werte nach und sprachen darüber? Oder haben Sie sich erst später, im Lauf der Jahrzehnte dieser Seite zugewendet?

LEE Nun, ich glaube, solche Werte waren von Anfang an da.

SCHMIDT Ich bin beinahe überzeugt, dass sie angeboren sind, dass sie Ihnen aber nicht bewusst waren.

LEE Gut möglich. Zum Beispiel nutzte ich, als ich die Menschen mobilisieren musste, den Gemeinschaftsgeist, der die Gemeinschaft über den Einzelnen stellt. Und ich brachte sie dazu, mir zu folgen, indem ich sagte: Schaut, das ist gut für die Gemeinschaft. Der Einzelne wird gewisse Rechte aufgeben müssen, aber der Gesellschaft insgesamt wird es nutzen. Hätte ich eine starre Gesellschaft mit langer Geschichte und erbitterten Feindschaften vorgefunden, wäre es nicht möglich gewesen.

SCHMIDT Wann sind Sie zum Konfuzianer geworden?

LEE Diese Frage habe ich mir auch schon gestellt. Ich glaube, ich wurde von der Familie als Konfuzianer erzogen.

SCHMIDT Und hat der Konfuzianismus Sie noch geleitet, als Sie in Cambridge waren und Choo kennenlernten?

LEE Ja. Ich würde sagen, dass er mir angeboren war. Ein chinesisches Sprichwort sagt: Wenn du dich um dich selbst kümmerst, wird es deiner Familie gutgehen; wenn du dem Kaiser treu bist, wird es dem Land gutgehen. Zuerst muss man sich also um sich selbst kümmern und ein Gentleman sein. Das ist die grundlegende Forderung. Jeder Einzelne sollte bestrebt sein, ein Gentleman zu sein.

Nach den Gesprächen mit der chinesischen Führung stand der Besuch der Verbotenen Stadt auf dem Programm; rechts Loki Schmidt.

SCHMIDT Ich wurde als Christ großgezogen – und glaube am Ende an nichts mehr.

LEE Nun, darin unterscheiden sich die Europäer von den Amerikanern. Amerikaner glauben noch, dass Schöpfung Schöpfung durch Gott ist und dass Evolution und Darwinismus Unsinn sind.

SCHMIDT Furchtbar! Welche Naivität!

LEE Ich denke, dass die Europäer als Ganzes infolge der beiden Weltkriege sehr viel rationaler geworden sind. Sie haben sinnlose Kämpfe, Feindschaften, großartige Hoffnungen und grandiose Pläne durchlebt, die allesamt nichts als Tragödien mit sich gebracht haben. Napoleon hat versucht, Europa zu vereinigen, und Hitler hat es versucht.

SCHMIDT Die Völker vom Nordkap bis Neapel und von Istanbul bis Lissabon sind seit fast zweitausend Jahren alle mehr oder weniger im Christentum aufgewachsen. Andererseits haben sie in der praktischen Politik, trotz ihrer christlichen Ideologie, einen Krieg nach dem anderen geführt. Sie haben das Gegenteil dessen getan, was man sie gelehrt hat und was sie brav auswendig gelernt haben. Das ist lachhaft.

LEE Nun, es war eine Epoche, in der einige stärkere europäische Länder immer wieder versucht haben, Europa zu vereinigen.

SCHMIDT Nein, Europa zu erobern. Sie sind viel zu freundlich!

LEE Angenommen, Napoleon hätte gesiegt, dann wäre Französisch die Sprache Europas geworden. Wenn Hitler gesiegt hätte, wäre heute Deutsch die Sprache Europas. Das war eines der Ziele. Grob gesagt, ging es darum, Europa zu erobern und ein Reich zu schaffen. Ideologisch verbrämt hieß es, man wolle Europa vereinigen.

SCHMIDT Die letzte Chance dafür gab es vor 1200 Jahren unter Karl dem Großen. Heute ist Europa stärker geteilt als vor zehn oder zwanzig Jahren.

LEE Ich glaube, die Integration wurde durch Halbherzigkeit blo-

Nach der Aufführung der revolutionären Pekingoper »Der Azaleenberg«.

ckiert, und das hat zur Desillusionierung geführt, angefangen mit Griechenland. Man wird entweder zu einer vollständigen Integration kommen müssen mit einer Europäischen Zentralbank und einem europäischen Finanzminister, der alle Staatshaushalte billigen muss, oder es wird 17 Länder mit 17 Finanzministern geben, die alle eigene Wege gehen, was mit dem Euro als gemeinsamer Währung aber unmöglich ist. Wie soll man aus dem Euro herauskommen? Ich weiß es nicht, weil ich denke, dass es ein großes Durcheinander verursachen würde.

SCHMIDT   Ich stimme Ihnen zu. Es ist zwar möglich, den Euro zu bewahren, aber die Organe der EU sind dafür wenig geeignet. Andererseits wäre es auch nicht möglich gewesen, mit einem umfassenden Programm anzufangen. Man musste schrittweise vorgehen. Das ist die große Lehre von Jean Monnet, der zu einer schrittweisen Integration riet, eine Generation nach der anderen. Dahinter steckt im Kern die Lehre von Karl Popper, von dem Sie vielleicht schon gehört haben: Es gibt keinen anderen Weg, als schrittweise vorzugehen. Aber wie baut man schrittweise ein europäisches Finanzministerium auf?

LEE (lacht)   Ich denke, das wird nicht gehen. Das Trennende ist zu stark. Jede Nation hat ihre eigene Geschichte, ist stolz auf ihre eigene Literatur, ihre eigene Sprache und Kultur. Angenommen, die Europäer sagen: Okay, vergessen wir Rousseau, vergessen wir all die großen Ideen von einer liberalen Gesellschaft und beschließen, ein einziges europäisches Volk zu werden, dann brauchen wir zuerst eine gemeinsame Sprache. Das Vernünftigste wäre, Englisch zur allgemeinen Zweitsprache zu machen. Wenn sich Franzosen, Deutsche und Tschechen treffen, würden sie also auf Englisch miteinander reden. Sie würden ihr Deutsch, Tschechisch und Französisch behalten, aber die eine Sprache würde sie langsam zusammenschweißen. Doch die Franzosen würden dem nie zustimmen. Jeder hält auch seine Literatur für sakrosankt, für etwas, das man nicht aufgeben kann. Während die Amerikaner, als sie auf den neuen Kontinent gingen, eine neue Literatur in Englisch schufen, mit großen Schriftstellern und Gelehrten. Europa ist von seiner Vergangenheit, von seiner Geschichte gefangen.

SCHMIDT Europa ist von seiner Geschichte gefangen. Aber ich bin weniger pessimistisch, als Sie es zu sein scheinen. Als ich aus dem Krieg heimkehrte, war ich der Überzeugung, dass die Europäer sich zusammentun und eine Einheit bilden müssen. Das war eine illusionäre Vorstellung, aber ich war jung, 26 Jahre alt. 1948, als ich 30 wurde, begegnete ich zum ersten Mal Jean Monnet, der zusammen mit Jack McCloy von Washington aus die alliierte Kriegführung beeinflusst hatte. Monnet war sehr überzeugend, als er erklärte, dass man schrittweise vorgehen, einen Schritt vor den anderen setzen müsse und dass man das Ganze nicht von einem Moment auf den nächsten schaffen könne. Ich habe an diese schrittweise Vorgehensweise geglaubt, bis zu der großen Wende von 1989/90, als wir alle plötzlich von einer Embarass de Richesse überwältigt wurden. Plötzlich stand es jedem frei, der Europäischen Union beizutreten.

LEE Das war ein Fehler. Es hätte ein Kerneuropa sein müssen.

SCHMIDT Ja, es war ein Fehler. Aber wir waren nicht in der Lage, den Osteuropäern zu sagen: Es ist schön, dass ihr jetzt frei seid, aber wir wollen euch nicht.

LEE Wartet ab, werdet assoziierte Mitglieder, aber am Ende entscheiden wir. Der Kern hätte sich erst konsolidieren müssen.

SCHMIDT Richtig. Als die europäische Integration durch Jean Monnet begann, waren wir sechs Länder: Frankreich, Italien, Deutschland, Belgien, die Niederlande und das kleine Luxemburg – sechs. Das war funktionsfähig. Es traten zwar einige große Schwierigkeiten auf, beispielsweise Mitte der sechziger Jahre, als de Gaulle seinen Ministern durch die sogenannte Politik des »leeren französischen Stuhls« eine Zeitlang verbot, an Ratssitzungen teilzunehmen. Aber wir haben diese Schwierigkeiten überwunden und sind über zwanzig Jahre lang zusammengeblieben – sechs Staaten, von 1952 bis Anfang der siebziger Jahre. Die Briten bemühten sich um den Beitritt, aber de Gaulle lehnte ihn ab, und das war in Ordnung. Dann nahmen wir in den siebziger Jahren drei Länder auf, Großbritannien, Irland und Dänemark, ohne zu erkennen, dass die Briten nur einen Fuß in der Tür haben wollten, dass sie aber gar nicht richtig mitmachen wollten. Im Jahrzehnt darauf kamen Portugal, Spanien und Griechenland hinzu. So wurden wir zwölf. Die letzten drei Länder, Portugal, Spanien und Griechenland, wurden willkommen geheißen, weil sie gerade aus eigener Kraft faschistische Diktaturen überwunden hatten und nun durch die Aufnahme in die Gemeinschaft belohnt werden sollten.

Zur Zeit der Maastrichter Konferenz Anfang der neunziger Jahre gab es also zwölf Mitglieder – eine handhabbare Größe –, aber wir begingen trotzdem einige schwere Fehler. Einer der Fehler, die in Maastricht gemacht wurden, bestand darin, jeden zum Beitritt aufzufordern, was in den nächsten zehn Jahren zu einer Vergrößerung von zwölf auf 27 Mitglieder führte – was mehr als eine Verdoppelung darstellte. Das war nicht mehr handhabbar. Manche traten bei, weil die Gemeinschaft im Geld schwamm und sie sich einen beachtlichen Teil davon versprachen. Andere glaubten, sie könnten jetzt zum ersten Mal eine Weltrolle spielen. Manche Franzosen und auch manche Deutsche denken dies immer noch. Es gibt aber auch immer noch die Hoffnung, dass wir im Laufe des 21. Jahrhunderts, nach sechzig Jahren des Aufbaus dieser Union, nicht scheitern werden. Aber ich bin mir da nicht mehr so sicher.

LEE   Die EU ist zu groß – zu groß und zu disparat. Zu unterschiedlich sind sowohl die wirtschaftlichen Entwicklungsstufen der einzelnen Mitgliedsstaaten als auch die Vorstellungen von der Zukunft der Gemeinschaft. Viele sind nur beigetreten, weil sie in den Genuss der finanziellen Vorteile der Union kommen wollten.

MATTHIAS NASS Aber sollte man nicht gerechterweise sagen, dass die Union trotz aller Fehler und Mängel, historisch gesehen, eine große Leistung darstellt und ein Vorbild für andere Regionen in der Welt ist?

LEE Nein. Ich betrachte die Europäische Union nicht als Vorbild für die Welt. Ich betrachte sie als ein Unternehmen, das durch eine zu schnelle Vergrößerung in Schieflage geraten ist und wahrscheinlich scheitern wird.

MATTHIAS NASS Es gibt also nichts, was Asien von der europäischen Integration lernen kann?

LEE Wir können uns eindeutig nicht auf die gleiche Weise vereinigen. Wir sind nicht alle Christen, wir sprechen verschiedene Sprachen und haben jeder eine andere Geschichte. Was wir erreichen können, ist, ein wachsendes Gespür für unsere gemeinsamen Interessen zu entwickeln, Freihandelszonen zu schaffen und schrittweise darauf aufzubauen. In Asien dreht sich alles um die Dominanz Chinas. Wenn Asiaten von asiatischer Solidarität sprechen, schließt das China ein. In Europa spricht man neuerdings von chinesischer Solidarität mit der übrigen Welt.

MATTHIAS NASS Dann ist also freier Handel das Äußerste, was man in Asien erreichen kann?

LEE Freier Handel und ein gewisses Zusammengehörigkeitsgefühl. Wir kämpfen nicht gegeneinander, sondern legen Differenzen bei. Wir treffen uns regelmäßig, diskutieren miteinander und bedrohen uns nicht gegenseitig.

MATTHIAS NASS Dann die Frage an Helmut Schmidt. Die Geschichte der Europäischen Union ist eine Geschichte von Niederlagen, Rückschlägen, Krisen, aber natürlich auch Erfolgen. Kann die gegenwärtige Krise uns der politischen Vereinigung nicht einen großen Schritt näherbringen? Und welche Rolle könnten die Deutschen dabei spielen?

SCHMIDT Theoretisch gesprochen, könnten Sie recht haben. In der Praxis aber braucht man Leitfiguren. Was die Rolle der Deutschen angeht, bin ich skeptisch …

LEE Deutschland ist von zwei Weltkriegen belastet und hat das Schuldgefühl nicht abgeschüttelt. Es will nicht als dominant erscheinen, aber es ist das einzige Land in Europa, das die Kraft besitzt, ein Kerneuropa zu schaffen. Die Ansicht, dass Frankreich auf gleicher Stufe mit Deutschland steht, ist eine Wunschvorstellung. Ich weiß nicht, was die Europäer denken, aber außerhalb Europas glaubt dies niemand. Sarkozy kann Merkel treffen, er kann sie auch übertönen, aber sein Frankreich kann Deutschland nicht übertreffen. Das ist der Eindruck, den die Welt hat.

SCHMIDT Das ist ein neu entstandener Eindruck, den es in den neunziger Jahren so nicht gab. Er ist erst in den Jahren nach 2000 entstanden. 1989/90 und 1991, als Deutschland und Europa wiedervereinigt wurden, hat dies niemand erwartet – niemand außer Maggie Thatcher. In gewissem Maße haben dies auch Mitterrand und Andreotti erwartet, der damalige italienische Ministerpräsident. Das waren historisch gebildete Leute, die erkannten, dass ein vereinigtes Deutschland ein gewisses Gefahrenpotential barg. Deshalb sprachen sie sich gegen die Vereinigung aus. Überwunden wurde ihr Einspruch durch die Amerikaner und den Konsens mit Gorbatschow.

LEE Aber es wäre sowieso geschehen. In dem Augenblick, als die Sowjetunion die Kontrolle verlor, hatte Ostdeutschland keine andere Wahl, als sich Westdeutschland anzuschließen. Die Menschen hatten den Unterschied im Lebensstandard längst vor Augen, sie konnten westdeutsches Fernsehen empfangen, sie wurden nur durch die Mauer gehindert, in den Westen zu gehen. Wie also hätte man sie, nachdem die Mauer gefallen war, aufhalten können? Sie wollten die Wiedervereinigung. Hätten die Westdeutschen sagen können: Nein, wir wollen euch nicht?

SCHMIDT Die Westdeutschen hätten niemals sagen können: Wir
wollen euch nicht! Außer einem Mann namens Lafontaine (LEE
lacht). Sie haben seinen Namen offenbar schon einmal in der
Zeitung gelesen?

LEE Lafontaine, ja.

SCHMIDT Nein, wir hätten niemals gesagt: Wir wollen euch nicht.
Wir wollten sie. Aber dennoch hatten wir keine Ahnung, was es
bedeutet, eine Nation von 80 Millionen Menschen zu werden.

LEE Sie mussten allerdings zunächst einen hohen Preis für die Unterstützung der Ostdeutschen zahlen.

SCHMIDT Ja. Und in mancherlei Hinsicht sind wir dabei nicht
sehr erfolgreich gewesen. In Bezug auf Sanierung und Ausbau
der Infrastruktur ist der Ostteil Deutschlands besser dran als
der Westteil, aber diese Infrastruktur wird wirtschaftlich nicht
entsprechend genutzt. Die ökonomischen Aktivitäten sind im
Westen konzentriert, nicht im Osten. Die großen industriellen
Konglomerate sind nicht wiederbelebt worden. Ich erinnere
mich an eine Maschinenbaufabrik in Marzahn, einem Außen-
bezirk von Berlin. Sie stellte Maschinen zur Herstellung von
Maschinen her; wir haben sie 1990/91 umgebaut, mit neuen
großen Hallen, mit Eisenbahnanschluss und allem versehen,
was man für die Herstellung von Maschinen braucht. Sie hatte
rund zweitausend Mitarbeiter. Heute sind es noch 170, weil niemand die Maschinen kaufen wollte. Sie waren einfach zu teuer
oder nicht gut genug – eine Mischung aus beidem. Und das ist
in gewisser Weise typisch für die gesamte Industrie der alten
DDR. Als wir die beiden Länder zusammenfügten und dabei
einen völlig falschen Umtauschkurs festsetzten – der richtige
Kurs wäre drei zu eins gewesen …

LEE Aber Sie haben ihn auf eins zu eins festgesetzt.

SCHMIDT Das war der Hauptfehler, der alle Produkte der ehemaligen DDR unverkäuflich machte. Ich habe das damals kritisiert,
war allerdings der Meinung, dass es sich über viele Jahre hinweg

angleichen würde. Das ist bis heute noch nicht geschehen, zwanzig Jahre später gibt es immer noch kein Anzeichen dafür. Die Arbeitslosigkeit ist nahezu doppelt so hoch wie in Westdeutschland.

LEE Dass so vieles nicht funktionierte, liegt auch daran, dass die Bevölkerung der ehemaligen DDR durch die zentrale Planung indoktriniert war und die Idee freien Unternehmertums, Wettbewerb und Wachstum der erfolgreichen Unternehmen auf Kosten der weniger erfolgreichen einfach nicht zu ihrer Kultur gehörte. Vierzig Jahre lang wurde ihnen die Ansicht eingeimpft, man könne bestimmte Erfolge vorherbestimmen.

SCHMIDT Es gibt einen Aspekt in der heutigen westdeutschen Industrie, der mir Sorge bereitet: der viel zu hohe Anteil der Automobilindustrie.

LEE Aber es sind gute Autos.

SCHMIDT Erstklassige Autos. Dennoch ist der Anteil zu groß.

LEE (lacht) So viele Mercedes, BMWs und Audis! Deutsche Ingenieurkunst!

SCHMIDT Ingenieurkunst, die darauf beruht, dass man Lehrling war und eine Berufsschule besucht hat, dass man eine dreijährige Lehre absolviert und gleichzeitig eine speziell auf den jeweiligen Beruf ausgerichtete Schule besucht hat. Das ist ein erstklassiger Weg, Facharbeiter auszubilden. Aber weil wir kaum eine IT-Industrie haben, haben wir dafür jetzt keinen Nachwuchs.

LEE Ja, aber Sie können aufholen.

SCHMIDT Um die Informationstechnologie in Deutschland so groß zu machen wie in den Vereinigten Staaten, müssten wir einen Teil der Automobilindustrie umstellen, und die wird das Feld nicht einfach räumen. Obwohl 60 Prozent eines Autos nicht Metall sind, sondern IT. – Stichwort Wirtschaftswachstum: Ich habe mehrere Schiffe draußen in der Bucht ankern sehen. Ist das normal?

Bei seiner ersten China-Reise 1975 lernte Schmidt außer Peking nur Nanjing und Urumtchi, die Hauptstadt der Provinz Xinjiang im Westen des Landes, kennen.

LEE Jachten?

SCHMIDT Nein, nein, große Schiffe. Keine Containerschiffe, aber große Schiffe.

LEE Oh, das sind Passagierschiffe.

SCHMIDT Das glaube ich nicht.

LEE Die großen Handelsschiffe fahren nicht in die Bucht. Als wir die Piers an der Küste bauten, waren sie für Touristen gedacht.

SCHMIDT Es sind Schiffe von vielleicht 6000 oder 12000 Bruttoregistertonnen. Sie scheinen auf etwas zu warten, und ich versuche herauszufinden, worauf sie warten.

LEE Es könnten Schiffe mit Heizöl sein, die darauf warten, in den Hafen einfahren zu dürfen. Sie müssen für jede Einfahrt in den Hafen eine Gebühr entrichten. Der Hafen ist ziemlich effizient …

SCHMIDT Ist er überfüllt?

LEE Ja, wir haben einen viel frequentierten Hafen. Außerdem werden auch Schiffe repariert.

SCHMIDT Und man muss auf die Reparatur warten?

LEE Ja, die Ankerplätze in Singapur sind begrenzt.

SCHMIDT Glückliches Singapur!

SCHMIDT Sie sind 1923 geboren, und ich bin 1918 geboren. Kein großer Unterschied.

LEE (lacht) Ich habe in keinem Weltkrieg gekämpft.

SCHMIDT Aber wir habe beide unsere Frauen verloren.

LEE Ja, das ist ein großer Verlust. Es ist, als ob die Mittelstange eines Zeltes zerbrochen wäre.

SCHMIDT Während meiner Amtszeit hat meine Frau ihr Leben mehr oder weniger von dem meinen getrennt. Sie wurde eine leidenschaftliche Botanikerin und Forscherin. Sie hat drei Pflanzen entdeckt, die der Wissenschaft bis dahin unbekannt waren. Und sie hat einen Skorpion entdeckt, den man noch nicht kannte. Eine Orchidee und ein Skorpion sind nach ihr benannt. Was hat Choo getan?

LEE Sie hat mir bei meiner Arbeit geholfen.

SCHMIDT Hat sie an Ihrer Stelle nachgedacht oder parallel zu Ihren ihre eigenen Gedanken entwickelt?

LEE (lacht) Sie hat meine Entwürfe korrigiert.

SCHMIDT Das hat Loki gelegentlich auch getan. Wenn ich zum Beispiel eine wichtige Rede im Parlament zu halten hatte. Wenn wir unser Leben im Amt zusammenfassen müssten, wie würden Sie es beschreiben, Harry?

LEE Nun, als Erstes würde ich sagen, dass ich mehr Glück hatte als andere. An kritischen Wendepunkten lachte mir das Glück. Singapur hätte leicht auch zusammenbrechen können. Aber die weltweite Integration, die Globalisierung, ermöglichte es uns, eine gewisse Rolle zu spielen. Als wir Anfang der sechziger Jahre aus Malaysia hinausgedrängt wurden, hatten wir unser Hinterland verloren.

SCHMIDT Wie viele Menschen lebten bei Ihrem Amtsantritt in Singapur?

LEE Zwei Millionen, heute sind es fünf Millionen.

SCHMIDT Wenn ein Einwohner von Singapur gefragt wird, woher er kommt oder welche Nationalität er besitzt, was wird er antworten?

LEE Ich bin Singapurer.

SCHMIDT Seit wann?

LEE Ich würde sagen, seit zwanzig oder dreißig Jahren.

SCHMIDT Also nicht von Anfang an?

LEE Ja. Aber er würde auch eine Klammer hinzufügen: Ich bin Singapurer, in Klammern Chinese, in Klammern Inder, in Klammern Malaie und so weiter. Das können wir nicht auslöschen. Das ist eine Realität. Es gibt einige gemischte Ehen, aber sie machen nur einen sehr geringen Anteil der Bevölkerung aus.

SCHMIDT Was waren die wichtigsten Ereignisse in Ihrem Leben?

LEE   Als Erstes die japanische Besetzung Singapurs 1942 und der Zusammenbruch des britischen Empire. Dass es den Japanern in weniger als vierzig Tagen gelungen ist, ein Empire zu zerstören, das tausend Jahre Bestand haben sollte. Das zweite prägende Ereignis war der Schock darüber, aus einer Insel eine Nation ohne Hinterland machen zu müssen. Wir wurden aus Malaysia hinausgeworfen, weil wir das Gleichgewicht der Rassen störten.

SCHMIDT   Hat man Sie wegen des hohen chinesischen Bevölkerungsanteils in Singapur ausgeschlossen?

LEE   Das war der Grund. Für uns hieß es: sich rühren oder verlieren. Dabei hat uns die Globalisierung geholfen: Die Welt wurde unser Hinterland.

SCHMIDT   Die beiden wichtigsten Ereignisse in meinem Leben waren erstens, dass ich im Laufe des Jahres 1944, etwa im September, zum ersten Mal begriff, dass ich einer verbrecherischen Regierung diente. Ich war seit 1937 Soldat, als Wehrpflichtiger, aber es dauerte fast acht Jahre, bis ich erkannte, dass es sich um ein verbrecherisches Regime handelte. Das war ein halbes Jahr vor Kriegsende. Von diesem Augenblick an hat sich mein Leben verändert. Ich war nie ein Nazi; ich war gegen die Nazis, aber ich tat nichts. Das zweite große Ereignis fand 1989 statt, als sich der Himmel öffnete und die Chance sich ergab, das Land zu vereinigen. Damals war ich nicht mehr im Amt, während meiner Amtszeit habe ich keine wichtigeren Momente erlebt.

LEE   Die Wiedervereinigung Deutschlands war ein entscheidender Wendepunkt. Denn viele fürchteten damals ein Wiedererstarken Deutschlands in der Mitte Europas.

SCHMIDT   Das hängt zusammen mit einer Gefahr, die von der Lage dieses Landes in der Mitte Europas ausgeht. Der Kampf zwischen Zentrum und Peripherie scheint die Geschichte Europas seit über eintausend Jahren zu bestimmen. War das Zentrum stark, fühlten sich die Völker außerhalb der Mitte von diesem Zentrum bedroht; war das Zentrum schwach, erlagen die Völker an der Peripherie der Versuchung, in die schwache Mitte vorzustoßen. Beides hatte eine tausend Jahre lange Kette von Kriegen zur Folge, am schlimmsten im Dreißigjährigen Krieg. Es gibt wohl keinen anderen Kontinent auf der Welt, in dem so viele Kriege geführt wurden wie in Europa.

LEE Das ist sehr merkwürdig, weil ihr doch alle Christen seid.

SCHMIDT Sehr merkwürdig! Ich stimme Ihnen vollkommen zu. – Gab es in Ihrer Amtszeit Höhepunkte, auf die Sie wirklich stolz sind? Auf die Sie stolz sein sollten?

LEE Dass ich allen das Gefühl gegeben habe, gleich zu sein. Ich habe diesen Ort nicht zu einer chinesischen Stadt gemacht. Ich habe den chinesischen Chauvinisten, die Chinesisch zur vorherrschenden Sprache machen wollten, widerstanden. Ich sagte: Nein, wir werden Englisch nehmen, das für alle eine neutrale Sprache ist. Das half, die Menschen zu einen. Wir diskriminieren niemanden wegen seiner Rasse, Sprache oder Religion.

SCHMIDT Wenn ein Singapurer den öffentlichen Nahverkehr benutzt, in welcher Sprache fragt er dann nach einem Fahrschein?

LEE Auf Englisch.

SCHMIDT Wirklich?

LEE Ja. Die Taxifahrer sprechen englisch. Englisch hat das ganze Land durchdrungen, weil es in den Schulen als erste Sprache gelehrt wird.

SCHMIDT Verstehe ich Sie recht, dass die Durchsetzung des Englischen als Landessprache das Wichtigste für Sie ist?

LEE Oh, ja. Hätten wir den anderen Weg gewählt und uns für vier offizielle Sprachen entschieden, wäre das Volk gespalten worden; es hätte endlose Konflikte gegeben, aber keinen Fortschritt.

SCHMIDT Sind sich die Briten über diese Ihre Leistung im Klaren?

LEE (lacht) Das glaube ich nicht, aber wir hatten Glück, sie als
Kolonialherren zu haben. Schauen Sie nach Vietnam. Dort waren die Franzosen, und die Vietnamesen kämpfen noch heute
darum, die französische Sprache zu verdrängen und Englisch
an ihre Stelle zu setzen, weil die Welt englisch spricht.

MATTHIAS NASS Ist Hongkong dabei, diesen Vorteil zu verspielen?
Ich habe den Eindruck, dort spricht man heute weniger englisch als früher.

LEE Das ist richtig, denn Hongkong ist jetzt ein Teil Chinas, und
jeden Tag überqueren Zehntausende, vielleicht 100 000 oder
200 000 die Grenze in beiden Richtungen. Und viele Hong-
kong-Chinesen haben einen Zweitwohnsitz in China, auf der
anderen Seite der Grenze, weil das Leben dort billiger ist. –
Ich greife Ihre Frage auf, Helmut: Auf welchen Höhepunkt Ihrer
Amtszeit, auf welche Leistung sind Sie besonders stolz?

SCHMIDT Die Antwort erstaunt Sie möglicherweise. Der wichtigste
Moment meiner Laufbahn kam fünf Jahre nach ihrem Ende,
1987, als der Vertrag über die Mittelstreckenwaffen (INF) geschlossen wurde, der eine, wenn auch späte, Rechtfertigung
meiner Politik war, die ich 1977 mit einer großen Rede in London eingeleitet hatte.

MATTHIAS NASS Eine Frage an Sie beide: Welches war der bitterste
Moment in Ihrem politischen Leben, die größte Niederlage?

LEE Für mich war es der Hinauswurf aus Malaysia, denn wir wären
in der Lage gewesen, es zu einem Vielvölkerstaat zu machen, in
dem jeder gleiche Rechte gehabt hätte.

SCHMIDT Meine größte Niederlage war der Tod von Hanns-Mar-
tin Schleyer.

LEE Der Tod von wem?

SCHMIDT Einem Industriellen namens Schleyer, der sechs oder
sieben Wochen als Geisel in der Hand von Terroristen war. Zusätzlich zur Entführung Schleyers entführten sie dann auch
noch ein Flugzeug …

LEE Ja, daran erinnere ich mich.

SCHMIDT Und wir befreiten das Flugzeug auf somalischem Boden mit Gewalt. Es endete glücklich, zog aber den Tod der anderen Geisel nach sich. Das war die größte Tragödie.

LEE Aber Sie mussten die Geiseln befreien.

SCHMIDT Ja. 90 Leben waren wichtiger als ein Leben, so konnte man es rechtfertigen. Die Terroristen hatten alles vorbereitet, das Flugzeug mit den 90 Menschen an Bord in die Luft zu jagen.

LEE Ich denke, die Welt wird mit solchem Wahnsinn leben müssen. Denken Sie an Al-Qaida und die vielen radikalen Gruppen, die sich über das Internet selbst radikalisieren.

SCHMIDT Ja, in gewisser Weise ist das Internet zum Multiplikator des Terrorismus geworden. Dabei bilden meiner Meinung nach unabhängige Einzeltäter wie Breivik in Norwegen die gefährlichste Gruppe. Ein Einzelner tötet mehr als 70 Menschen.

LEE Und das ohne Grund.

SCHMIDT Ja, ohne jeden Grund! Angesichts von Herrn Breivik bin ich fast versucht, mir die Todesstrafe zurückzuwünschen – trotz meiner prinzipiellen Ablehnung der Todesstrafe.

LEE Ich verstehe das.

SCHMIDT Es macht keinen Unterschied, ob man ihn ins Gefängnis oder hinter die Gitter einer psychiatrischen Klinik steckt.

LEE Terrorakte wie in Norwegen sind grundsätzlich nicht zu verhindern. Mit den modernen Waffen können Psychotiker solche Taten ausführen.

MATTHIAS NASS Gibt es eine Lehre, eine persönliche Lehre, die Sie aus fünfzig und mehr Jahren im Staatsdienst gezogen haben? Allgemeiner gefragt: Welches sind die moralischen Maßstäbe, an die sich Politiker halten sollten?

LEE Ich denke, wenn man das Vertrauen der Menschen gewinnen will, muss man auch in der Lage sein, etwas durchzusetzen.

Wenn man nur Versprechungen macht oder den Leuten nur nach dem Mund redet, genügt das nicht; man muss deutlich machen, dass man meint, was man sagt, und dass man tut, was man ankündigt. Ob man damit am Ende Erfolg hat oder scheitert: Man muss es versuchen. Das war der Grund, weshalb mir Erfolg beschieden war, denn ich habe mehrfach, trotz des Widerstands, der mir entgegenschlug, ausgeführt, was ich versprochen hatte. Das schuf Vertrauen, und danach war alles einfacher. Wenn man ein gewöhnlicher Politiker ist, der Versprechungen macht, und alle vier, fünf Jahre ein neuer Politiker kommt, wie in Japan, wo jedes Jahr ein neuer Premierminister antritt, kann man kein Vertrauen aufbauen und das Land nicht führen.

SCHMIDT   Ich denke, man sollte gezielt alle Versprechungen vermeiden, von denen man nicht sicher weiß, dass man sie später erfüllen kann. Das ist mir einmal bei einem geringen Anlass passiert, und ich habe mich bitter dafür geschämt. Es war ein lächerliches Beispiel, es ging um die Rentenvorhersage im Jahre 1976. Wir hatten angekündigt, die Renten zu einem bestimmten Termin um soundsoviel Prozent anzuheben, und später mussten wir diesen Termin um ein halbes Jahr verschieben (lacht). Für das Leben der Nation war es unwichtig. Aber für mich war es eine große Niederlage …

MATTHIAS NASS   Was ist der Kern politischer Führung? Was braucht man, um ein politischer Führer zu sein? Und was macht einen zu einem Staatsmann?

LEE   Nun, es gibt verschiedene Abstufungen zwischen einem Politiker und einem Staatsmann. Ein Politiker will nur sich selbst bekannt machen und ein Amt erobern. Dann genießt er den Stolz, es auszufüllen. Ein Führer hat eine Mission. Er will an die Macht, um bestimmte Dinge zu tun. Ein Staatsmann ist jemand, der nicht nur nach Macht strebt, um bestimmte Dinge zu tun, sondern der auch in der Lage ist, die Macht an einen guten Nachfolger zu übergeben. Das ist mein Verständnis.

*Lee Kuan Yew und Helmut Schmidt schreiten bei dessen
erstem Besuch in Singapur 1978 die Ehrengarde ab.*

SCHMIDT Wer war außerhalb Singapurs der bedeutendste politische Führer unserer Zeit?

LEE Deng Xiaoping.

SCHMIDT Ich stimme Ihnen zu. Aber ich hätte Winston Churchill an erster Stelle genannt.

LEE Churchill war zweifellos ein großer Redner, er hat das britische Volk mobilisiert, als es allein war und sich in einer schweren Lage befand. Er sagte die berühmten Worte: »Wir werden auf den Dünen kämpfen, wir werden auf den Landungsplätzen kämpfen, wir werden auf den Feldern und in den Straßen kämpfen; wir werden uns niemals ergeben .« Roosevelt fragte seinen Sekretär: »Warum sind meine Reden nicht so?« Darauf erwiderte der Sekretär: »Sir, er rollt seine Zigaretten selbst.« Dies gab dem Volk die Kraft zu kämpfen und verschaffte Churchill genügend Zeit, die Amerikaner in den Krieg hineinzuziehen. Und die Japaner halfen dabei.

SCHMIDT Ohne Winston Churchill hätten die Westmächte den Krieg nicht gewonnen.

LEE Ja. Er hat den Realitäten getrotzt. Jeder andere, wie etwa Neville Chamberlain, wäre auf irgendein Arrangement eingegangen.

SCHMIDT Es gab auch keinen Franzosen.

LEE De Gaulle glaubte, er repräsentiere Frankreich, obwohl er in Wirklichkeit niemanden repräsentierte. Er trat in London auf, als wäre er der Vertreter Frankreichs, und wurde zu einer regelrechten Plage. Von britischer und amerikanischer Hilfe abhängig, bestand er darauf, er sei Franzose und repräsentiere die Seele Frankreichs. Also, in diesem Sinne ist er auch ein großer Mann.

SCHMIDT Er war gewiss ein großer Mann, besonders nach dem Krieg, als er in den sechziger Jahren den Deutschen die Hand reichte.

MATTHIAS NASS Die beiden von Ihnen genannten Männer, Deng

Xiaoping und Winston Churchill, haben die Welt zum Besseren geformt. Aber es gab auch negative, böse Charaktere, die die Welt des letzten Jahrhunderts vielleicht sogar stärker geprägt haben als diese beiden.

LEE In Asien wäre Mao Zedong eine Katastrophe geworden, wenn er länger gelebt hätte, weil er an die permanente Revolution glaubte. Er hatte diese romantische Vorstellung, dass stabile Verhältnisse zu einer Bürokratisierung führen und ein Volk dadurch den Antrieb zu Reformen und zur Veränderung der Welt verliert. Deshalb halte ich ihn für einen gefährlichen Mann. Hätte er weitergelebt und Deng Xiaoping nicht die Macht übernommen, wäre China zusammengebrochen und hätte sich selbst und den ganzen Fernen Osten ins Unglück gestürzt. In Europa wäre Hitler, wenn er Erfolg gehabt hätte, eine noch größere Katastrophe gewesen. Angenommen, er hätte Moskau erreicht und eingenommen und er wäre danach nicht weiter gegangen, dann wäre es Briten und Amerikanern sicher schwergefallen, den Wall, den er im Westen Frankreichs errichtet hätte, zu durchbrechen. Doch das ist Geschichte. Die Amerikaner haben im Übrigen nicht wegen der Demokratie oder der Menschenrechte in den Krieg eingegriffen, sondern weil sie nicht wollten, dass Europa von einer mächtigen Ideologie beherrscht wurde, die sie bedrohte. Churchill war ein guter Freund Roosevelts, aber Freundschaft floss nicht in das Kalkül ein. Es lag im amerikanischen Interesse, dass Europa nicht in die Hände eines Mannes wie Hitler fiel.

SCHMIDT Ich stimme Ihnen zu, was die herausragende Persönlichkeit von Deng Xiaoping betrifft. Unter den politischen Führern, die ich persönlich kennengelernt habe, war er wahrscheinlich der größte.

LEE Ich habe über ihn einmal geschrieben: Er ist nur 1,52 Meter groß, aber als politischer Führer ein Riese.

SCHMIDT Und er war Raucher! (Beide lachen.)

LEE   Ja, das war er. Und er hat nicht unter einem Lungenemphysem gelitten.

SCHMIDT   Sein Spucknapf stand einen Meter entfernt, er benutzte ihn regelmäßig und verfehlte ihn nie.

LEE   Als er vor dem vietnamesischen Angriff auf Kambodscha und Laos 1978 Singapur besuchte, um uns gegen die Vietnamesen zu mobilisieren, sprach er ohne Notizen; er hatte vorher genau geprobt, was er in Bangkok, Kuala Lumpur und Singapur sagen wollte, und konnte es gut und geschliffen präsentieren. Also lehnte ich mich zurück und fragte ihn: »Sollen wir heute Abend zusammen essen, oder sollen wir gleich anfangen?« Er sagte: »Essen wir doch zusammen.« Also aßen wir zusammen zu Abend. Am nächsten Tag sagte ich: »Sie haben gesagt, wir sollten uns gegen den russischen Bären verbünden, aber meine Nachbarn wollen sich gegen den chinesischen Drachen verbünden. Vom Bären fühlen sie sich nicht bedroht, sondern von Ihren Radiosendern, Ihrem Geld an die Guerillas in Thailand, Malaysia und anderswo.« Ich erwartete eine aufbrausende Reaktion. Aber es kam nichts. Er schwieg einen Moment und sagte dann: »Was verlangen Sie von mir?« Ich antwortete: »Stellen Sie es ein.« Daraufhin sagte er: »Geben Sie mir etwas Zeit.« Und binnen eines Jahres stellte er es ein. Er ist ein wahrhaft großer Mann! An jenem Abend hatte ich übrigens einen Spucknapf für ihn aufstellen lassen.

SCHMIDT   Sie haben einen Spucknapf vor ihm aufgestellt (lacht)?

LEE   Ja, einen Spucknapf aus bestem blau glasiertem Ming-Porzellan. Aber er hat ihn nicht benutzt. Er rauchte auch nicht, obwohl ich seinem Stab gesagt hatte, dass ich eine spezielle Klimaanlage hätte einbauen lassen, die den Rauch absauge.

SCHMIDT   Aus Höflichkeit Ihnen gegenüber. Wann fand dieses Treffen statt?

LEE   1978, im November.

SCHMIDT   Wie ist es ihm gelungen, auf seiner Reise durch den

Süden Chinas 1992 die zögernden Funktionäre für seine Reformen zu gewinnen?

LEE Nach Maos Tod übernahm zunächst Hua Guofeng die Macht, Maos ehemaliger Leibwächter. Aber abgesehen davon, dass er der Chef der Leibwächtertruppe gewesen war, hatte Hua keine Machtbasis. Die Armee stand hinter Deng Xiaoping, dem sie vertraute.

SCHMIDT Wie erklären Sie es sich, dass die Armee nach Maos Tod ihr Vertrauen Deng Xiaoping schenkte?

LEE Weil Deng am Langen Marsch teilgenommen hatte, wurde er von vielen Generälen aus dieser Zeit unterstützt. Sie kannten Deng und wussten, dass er ein großer Mann und ein aufrechter Kämpfer für China war. Deshalb vertrauten sie ihm. Hua Guofeng war nur ein Schläger. Er wurde schnell beiseitegeschoben, zunächst auf freundliche Weise, indem man ihn zum Präsidenten machte. Als ich Deng besuchte, sorgte er dafür, dass ich mich zuerst mit Hua Guofeng traf und danach erst mit ihm. Wie das Protokoll es verlangte.

SCHMIDT Hatte er in dieser Zeit ein offizielles Amt inne?

LEE Ich glaube nicht. Er war einfach Deng Xiaoping, und sowohl die Armee als auch ein großer Teil des Apparats glaubte, dass er der Mann war, China zu retten.

SCHMIDT Für mich war es sehr interessant, von außen zu verfolgen, wie er auf seiner Reise durch den Süden nach und nach seine Machtbasis erweiterte und am Ende obsiegte.

LEE Und er war bereit zu lernen. Als er nach Singapur kam, fand er eine kleine Insel ohne Ressourcen vor, die jedoch prosperierte und über ein breites Angebot an Waren und Gütern verfügte. Die Menschen hatten Geld in der Tasche und konnten sich etwas kaufen. Er beobachtete, stellte präzise Fragen und kam zu dem Schluss, dass es unsere Offenheit für Investitionen war, die uns Technologie, Logistik und volkswirtschaftliches Know-how ins Land brachten. Zurück in China, richtete er die sehr erfolgreichen Sonderwirtschaftszonen ein – nach dem Vorbild von Singapur. Deng öffnete China schrittweise, Zhu Rongji führte das Land dann in die Welthandelsorganisation (WTO) und öffnete es ganz. Das rettete sie.

SCHMIDT Ich habe in den achtziger Jahren, insbesondere in der Ära Gorbatschow, den sowjetischen Führern geraten, an Orten wie Odessa, Petersburg und Kaliningrad – dem früheren Königsberg an der Ostsee – etwas Ähnliches zu tun. Aber sie verstanden es nicht. Sie haben den Vorschlag nicht zurückgewiesen, aber sie verstanden nicht, was es bedeutete.

LEE Weil sie uneinsichtig waren. Sie lebten in einer geschlossenen Gesellschaft, die fest an die Planwirtschaft glaubte und für neue Ideen nicht zugänglich war. Deng wusste, dass es in China nicht gut lief, weil man dem sowjetischen Modell folgte. Als er Singapur sah, sagte er sich: Ah, so wird es funktionieren!

SCHMIDT Durch seinen Aufenthalt in Frankreich während der zwanziger Jahre könnte er einigermaßen vorbereitet gewesen sein.

LEE Das mag sein. Jedenfalls wird er als junger KP-Funktionär in Marseille und anderen Städten Frankreichs und Belgiens die kapitalistische Welt kennengelernt haben. Später hat er dann gesehen, was freies Unternehmertum bewirken kann.

SCHMIDT Ich denke, der Schlüssel zur Charakterisierung Deng Xiaopings ist seine Äußerung über Katzen: Es ist egal, ob die Katze weiß oder schwarz ist, Hauptsache, sie fängt Mäuse. Das ist der ganze Deng in einem Satz.

LEE Ja. Ich habe beim Abendessen zu ihm gesagt: Sie können uns leicht übertreffen. Wir sind die Nachfahren von Bauern und Landarbeitern aus Südchina. Sie in China haben Mandarine, Gelehrte, Wissenschaftler, Forscher. Er erwiderte nichts, sondern sah mich nur an und aß dann weiter. Ein Jahr später sagte er in Guangdong: Wir müssen von der Welt lernen, insbesondere von Singapur, und sie übertreffen. Er hatte meine Worte also nicht vergessen. Aber ich bin nicht sicher, dass China uns übertreffen kann, denn es hat keinen Rechtsstaat und keine Institutionen.

SCHMIDT Aber es baut den Rechtsstaat schrittweise auf.

LEE Es ist die Herrschaft des Führers: Was er sagt, ist Gesetz.

SCHMIDT Ich bin nicht sicher, dass diese Art der Gesetzgebung Bestand haben wird. Die Chinesen haben sie vom kaiserlichen Regime geerbt, aber inzwischen ein normales Rechtssystem in erheblichem Ausmaß aufgebaut. Als ich das erste Mal in China war, gab es keinen einzigen Rechtsanwalt. Heute sind es Tausende, und sie sind in China ausgebildet worden.

LEE Deng schickte einmal einen Minister zu mir, der sich über unsere Gesetze informieren sollte. Ich fragte ihn: »Wofür brauchen Sie die Gesetze?« Darauf antwortete er: »Wir wollen sie studieren und sehen, wie wir sie anwenden können.« – »Zuerst müssen Sie unabhängige Richter haben, die bereit sind, Urteile gegen die Regierung zu fällen und zwischen Bürgern und der Regierung zu vermitteln. Dann haben Sie einen Rechtsstaat.« Er erwiderte: »Keine Sorge, geben Sie mir einfach die Gesetze.« Also bekam er die Gesetze, und sie wurden übersetzt. Aber ich glaube nicht, dass sie Anwendung gefunden haben, denn ihre Richter haben immer getan, was die Führung sagt.

SCHMIDT Die Richter tun immer noch, was die Führung sagt. Aber früher waren die Richter Leute, die wussten, wie man Entscheidungen umsetzt, das heißt Leute aus der Armee. Heute gibt es bereits Richter, die von den Universitäten kommen. Das könnte einen gewissen Fortschritt bedeuten.

Ich würde gern noch eine Bemerkung über Deng anfügen. Ich glaube, dass er der erste Kommunist überhaupt ist, der Erfolg gehabt hat.

LEE Nein, er ist kein wirklicher Kommunist. Er ist Pragmatiker. Alles muss funktionieren, ob die Katze schwarz oder weiß ist, das ist sein Diktum, sein Motto.

SCHMIDT Sein Pragmatismus ist übrigens der gleiche, der Sie, George Shultz und mich verbindet.

LEE (lacht) Wenn Sie das so sehen!

MATTHIAS NASS Ich habe noch eine letzte Frage zu dem Komplex Lebenserfahrung. Sie können beide auf ein sehr langes Leben zurückblicken. Wenn Sie die Welt, in der wir heute leben, mit der Welt von vor neunzig Jahren vergleichen – leben wir dann in einer besseren Welt?

LEE Das hängt davon ab, was Sie unter einer besseren Welt verstehen. Wenn Sie Europäer sind, Franzose zum Beispiel, dann finden Sie wahrscheinlich nicht, dass Sie in einer besseren Welt leben, denn es sind große Länder wie China aufgetaucht, und Europa wird unwichtig, weil es sich nicht vereinigen kann. Stattdessen werden die Amerikaner sich mit den Chinesen einigen, also G2. Wenn Sie mit einer besseren Welt aber meinen, dass die Weltbevölkerung insgesamt ein besseres Leben führt, mit weniger Armut, mehr Wohnungen, mehr Arbeit und genügend Essen, dann würde ich sagen, ja. Es gibt weniger Hungernde, sogar in Indien. Das liegt nicht nur an den Indern, sondern auch an der Technologie. Die auf den Philippinen durchgeführten Forschungen zum Reis tragen dazu bei, dass genügend Reis für die Ernährung der Menschen geerntet werden kann. Die bessere Welt muss also definiert werden: Besser für wen? Wenn Sie mich fragen, würde ich unter dem Strich sagen: weniger hungernde Menschen, weniger arbeitslose Menschen.

MATTHIAS NASS Eine friedlichere Welt?

LEE Ja, aufgrund der nuklearen Abschreckung. Sie macht Kriege zwischen großen Ländern unmöglich. Wie mächtig China auch wird, es wird niemals Amerika oder Russland angreifen. Das stabilisiert die Situation. Und die Franzosen haben ihre Force de Frappe, die im Ernstfall vielleicht nicht ausreichen würde, aber meiner Meinung nach immer noch symbolischen Wert hat. Auch sie können zurückschlagen. Wenn Sie mit einer besseren

Helmut Schmidt im Gespräch mit Deng Xiaoping 1984 in Peking. Schmidt reiste als Privatmann anlässlich des 35. Jahrestags der Republikgründung nach China.

Welt meinen, dass wir alle besser regiert werden, dann würde ich antworten: nicht notwendigerweise. Es hängt vom jeweiligen Land ab. In vielen Teilen der Welt, in Afrika, vielleicht auch in Lateinamerika, ist man schlechter dran als früher. Die Korruption ist erschreckend, sogar in Indien. Premierminister Manmohan Singh ist vorgeworfen worden, die Korruption zuzulassen. Heute ist sie endemisch. Wer an der Macht ist, verdient Geld. Wer nicht an der Macht ist, verdient kein Geld. In dieser Hinsicht sind auch die Chinesen in Gefahr, da die Korruption dort ernste Ausmaße annimmt. Wir reden hier nicht von den obersten Rängen, die kümmern sich schon um ihr Auskommen. Wenn Hu Jintao sich zurückzieht, braucht er sich um seinen Lebensunterhalt, sein Essen, sein Bankkonto keine Sorgen zu machen. Aber weiter unten spielen sich Bauunternehmer und lokale Beamte gegenseitig in die Hände, indem die Beamten den Bauern Land wegnehmen, das die Bauunternehmer dann zu Geld machen. Das führt zu großer Unzufriedenheit in China und wird letztlich dazu führen, dass die Legitimität der chinesischen Regierung in Frage gestellt wird.

MATTHIAS NASS   Sie haben fast Ihr ganzes Leben der Politik gewidmet. Wenn Sie zurückschauen, war es die Mühen, die Opfer wert?

LEE   Das hängt davon ab, worum es Ihrer Meinung nach im Leben geht. Wenn ich ein glückliches Leben hätte führen wollen, wäre ich Rechtsanwalt und Geschäftsmann geblieben. Dann wäre ich heute wesentlich reicher, als ich bin. Aber das habe ich mir nicht zum Ziel gesetzt. Ich habe mein Land in einem Zustand erlebt, den ich für schlecht hielt, und dann habe ich versucht, die Macht zu erlangen, um diesen Zustand zu verändern. Ich habe die Genugtuung erlebt, besser genährte und besser wohnende Menschen zu sehen; jeder besitzt sein eigenes Heim, jeder hat Kinder, die zur Schule gehen, wir haben einen funktionierenden Gesundheitssektor, wir haben Erholungseinrichtungen. Alles,

*1984 im Gespräch mit dem chinesischen Premierminister Zhao Ziyang,
einem der Reformer um Deng Xiaoping.*

wonach man im Leben verlangen kann. Das Problem ist, dass wir es heute als selbstverständlich voraussetzen und glauben, dass wir den Autopilot einschalten können. Ich denke nicht so, ich glaube vielmehr, dass ein allmählicher Rückschritt eintreten wird, wenn die Regierung in die falschen Hände fällt und von falschen Führern übernommen wird. Man kann mit dem Autopilot nicht Höchstgeschwindigkeit fliegen.

SCHMIDT Ich antworte auf die Frage, ob es sich gelohnt hat, ganz kurz. Es hat sich gelohnt, die Chance, reich zu werden, zu verpassen.

LEE Als politischer Führer muss man zulassen, dass andere reich werden, weil man selber gute Regierungsarbeit leistet. Ich habe das einmal dem Parteisekretär von Shenzhen, gegenüber von Hongkong, gesagt. »Wenn Sie als Führer Erfolg haben wollen«, sagte ich zu ihm, »dann denken Sie nicht an sich selbst. Schaffen Sie ein System, in dem andere Geld machen und reich werden können, während Sie ein ehrlicher Beamter und relativ arm bleiben.«

SCHMIDT Man kann ihm nur wünschen, dass er Ihren Rat beherzigt hat.

Zweite Gesprächsrunde

SCHMIDT Geht es Ihnen gut?

(LEE nickt.)

SCHMIDT Mir auch. Trotz des Jetlags.

LEE Es ist Ihr zweiter Tag, also nicht mehr so schlimm.

SCHMIDT Darf ich vorschlagen, Harry, dass wir damit beginnen, über Amerika zu sprechen? Sind Sie damit einverstanden?

LEE Ja.

SCHMIDT Das letzte, das 20. Jahrhundert ist das amerikanische Jahrhundert genannt worden. Wird das 21. Jahrhundert ein chinesisches?

LEE Nimmt man das Bruttoinlandsprodukt (BIP) als Maßstab, ja. Im Jahr 2035 wird das chinesische BIP größer sein als das amerikanische. Nimmt man die Soft Power, die Anziehungskraft auf die Menschen, zum Maßstab, bin ich mir nicht so sicher, denn die chinesische Sprache ist ein Hindernis für jeden, der sich in China integrieren will. Das Englische hatte für Amerika den Vorteil, dass es ein weltumspannendes britisches Empire gab und deshalb in vielen Teilen der Welt Englisch schon gesprochen wurde, bevor Amerika zur Weltmacht aufstieg. Amerika erbte gewissermaßen dieses Publikum, und so wurde Englisch in jedem Land der Welt zur ersten oder zweiten Sprache.

SCHMIDT Mit der Ausnahme Frankreichs.

LEE Nein, auch in den frankophonen Staaten Afrikas spricht die Führung heute englisch.

SCHMIDT Wird das Chinesische ein Hindernis bleiben?

LEE Ja, es ist die schwierigste Sprache der Welt. Wenn man sie nicht hört, solange man jung ist, wird man nie die richtigen Töne treffen. Jedes Schriftzeichen ist ein Wort, und dieses Wort kann auf vier verschiedene Arten betont werden. Und es gibt viele Worte, die genauso klingen, aber ein anderes Schriftzeichen und eine andere Bedeutung haben. In diese Sprache einzudringen, ist sehr schwer.

SCHMIDT Offenbar ist es möglich, diese Sprache mit so unterschiedlichen Dialekten zu sprechen, dass die Menschen sich gegenseitig nicht verstehen.

LEE Es ist ein riesiges Land, und erst seit einiger Zeit kann man landesweit die verschiedenen Fernsehsender empfangen; jetzt kommen die Smartphones hinzu. Wie in vielen anderen großen Ländern auch, hat jedes Dorf, jede Stadt einen eigenen Akzent. Aber die geschriebene Sprache ist dieselbe.

SCHMIDT Das ist anders als in Indien.

LEE Das stimmt. Man kann China nicht mit Indien vergleichen, denn Indien hat 565 verschiedene Dialekte.

SCHMIDT Ich glaube, es gibt 19 oder 21 sogenannte offizielle Sprachen.

LEE Ja. Aber Indien ist eine Erfindung der Briten. Es waren 565 Fürstentümer mit Maharadschas oder Sultanen, hinduistischen oder muslimischen Herrschern, und es sind unterschiedliche Völker. Wenn man Hindi spricht, wird man von rund 500 Millionen Menschen verstanden, 500 Millionen von 1,2 Milliarden. Wenn man Englisch spricht, wird man von rund 200 Millionen Menschen im ganzen Land verstanden, den Gebildeten.

SCHMIDT Mehr oder weniger von der Oberschicht.

LEE Ja. Es ist also nicht ein Land, und das kann es auch nicht sein. Anders als China. China ist in 4000, 5000 Jahren organisch gewachsen. Dabei ist es sinisiert worden, und die Angehörigen der ursprünglichen Völker wurden zu Chinesen, die dieselbe Sprache benutzen und zu Han geworden sind. Indien dagegen ist ein Produkt der Briten, die sich von der Vorstellung eines British Raj (Britisch-Indien) leiten ließen. Und sie verwirklichten ihr Konzept durch britische Eisenbahnen. Die Briten bildeten nicht etwa ein Indien unter britischer Herrschaft, sie schufen Indien.

Daher sind Indien und China, abgesehen von der Bevölkerungszahl, zwei völlig verschiedene Kulturen.

SCHMIDT Kommen wir auf Amerika zurück. Ich habe den Eindruck, dass Amerika in komprimierter Form vor ähnlichen Problemen steht. Wenn man heute auf einem amerikanischen Flughafen landet, hört man die Ansagen durch die Lautsprecher auf Englisch und Spanisch.

LEE Das liegt an den Mexikanern, die ins Land kommen.

SCHMIDT Das ist ein neues Phänomen. Vor dreißig Jahren gab es das nicht.

LEE Es wird weitergehen, es wird eine schrittweise, aber unaufhaltsame Veränderung in der Zusammensetzung der amerikanischen Bevölkerung stattfinden. Weil sich die anderen Populationen schneller vermehren als die Weißen. Insbesondere die Hispanics, zumal die Grenze nicht abgeriegelt werden kann. Ich denke, ihre Kultur wird zur beherrschenden Kultur werden.

SCHMIDT Seit wann sind Sie dieser Meinung?

LEE Seit wann ich glaube, dass dies der Entwicklungstrend in den USA ist? Ich würde sagen, seit zwanzig Jahren.

SCHMIDT Seit zwanzig Jahren. Ich habe es erst in den letzten zehn Jahren begriffen.

LEE Die Einwanderung von Hispanics aus Mexiko und den Ländern bis hinunter nach Costa Rica und darüber hinaus ist enorm groß, zudem vervielfacht sich die Zahl der Schwarzen dreimal so schnell wie die der Weißen. Das wird die Gesellschaft grundlegend verändern. Allerdings bilden Afroamerikaner und Hispanics keine Einheit, sondern zwei unterschiedliche Blöcke. Die Afroamerikaner stehen den Hispanics ablehnend gegenüber, weil sie später dazugekommen sind und ihren Status als Minderheit geschwächt haben.

SCHMIDT Aber beide gehören immer noch zur gesellschaftlichen Unterschicht. Sie verlangen nach der gleichen Unterstützung durch die Gesellschaft. Und das könnte im Lauf des Jahrhunderts die amerikanische Politik erheblich verändern. Ich vermute, dass die Neigung, die Ordnung im Rest der Welt aufrechtzuerhalten, abnehmen wird, langsam zwar, aber am Ende des Jahrhunderts wird Amerika keine elf Flugzeugträgerflotten mehr unterhalten.

LEE   Das hängt von der Wirtschaftskraft ab. Wie gesagt, ich glaube, dass 2035 das chinesische BIP höher sein wird als das der Amerikaner. Aber deren Technologie ist weit höher entwickelt, und die Chinesen werden bis zum Ende des Jahrhunderts brauchen, um bei Flugzeugträgern, Raketen und so weiter mit der amerikanischen Technologie gleichzuziehen. Und weil auch die Soft Power immer noch auf Seiten Amerikas ist, wird China nicht in demselben Umfang ausländische Talente anziehen wie Amerika.

SCHMIDT   Es gibt ein Gebiet, auf dem Amerika sich nicht auszeichnet – das ist die Musik.

LEE (lacht)   Aber es hat den Jazz.

SCHMIDT   Jazz ist das eine, was in der Musik wirklich amerikanisch ist – wenn auch nicht ganz, er hat teilweise afrikanische Wurzeln –, und das andere ist das Musical, auch das ist eine amerikanische Erfindung. Aber Amerika hat weder einen Beethoven noch einen Bach oder Verdi hervorgebracht.

LEE   Es ist eine andere Kultur, eine Kultur, die vom Kapitalismus angetrieben wird. Mit Bach, Beethoven und Mozart kann man keine Millionen machen, aber mit …

SCHMIDT   Michael Jackson!

LEE   Mit Michael Jackson, mit Popsongs, kann man Millionen machen. Also wenden sich die Talente diesem Gebiet zu.

SCHMIDT   Heute komponiert, in zehn Jahren vergessen.

LEE   Aber bis dahin haben der Komponist, der Produzent und der Medienkonzern Milliarden verdient.

SCHMIDT   Das führt mich zu einer generellen Frage nach dem

amerikanischen Kapitalismus. Wird er Bestand haben, oder wird er korrigiert werden? Amerika hat zwei weltweite Rezessionen verursacht, das erste Mal in den dreißiger Jahren des vorigen Jahrhunderts und dann in den Jahren 2007/08 und folgende.

LEE Ich glaube, die Marktwirtschaft ist wesentlich produktiver als die Planwirtschaft.

SCHMIDT Und ob!

LEE Und Amerika verkörpert die Marktwirtschaft in ihrer extremen Form. Das geht bis zum Äußersten, deshalb hat man Booms und Busts, Hochkonjunkturen und Krisen. Aber sie erholt sich immer wieder.

SCHMIDT Manchmal mit verheerenden Verlusten.

LEE Das gehört zum freien Markt.

SCHMIDT Nicht unbedingt. Im späten 18. und im 19. Jahrhundert hatte man in ganz Europa die Marktwirtschaft. Aber solche langen Depressionsphasen gab es nicht.

LEE Europa war damals nicht globalisiert. Erst das amerikanische Jahrhundert hat die Welt globalisiert. Kommunikation und Transport haben eine Welt und einen Weltmarkt entstehen lassen.

MATTHIAS NASS Würden Sie der Aussage zustimmen, dass es heute drei unterschiedliche Modelle des Kapitalismus gibt, das angloamerikanische System des freien Marktes, das europäische Wohlfahrtssystem und den asiatischen Staatskapitalismus?

LEE Das amerikanische System ist der total freie Markt – Boom, Krise und wieder Boom. Das europäische System ist das Ergebnis von zwei Weltkriegen. Man hat versucht, einen Ausgleich zwischen Besitzenden und Besitzlosen zu finden, und der Wohlfahrtsstaat hat sich um die Unterschicht gekümmert. In Europa gibt es heute keine Unterschicht mehr. In Amerika gibt es eine Unterschicht. Aber das amerikanische System ist im Vergleich mit dem europäischen kraftvoller. Da das europäische

System die weniger Fleißigen unterstützt, ist es weniger produktiv.

SCHMIDT Nach meinem Eindruck wird auch die Entwicklung in den Vereinigten Staaten zu einer Art Wohlfahrtsstaat führen, möglicherweise zu einem wesentlich schwächeren als in Europa. Und ich könnte mir vorstellen, dass diese Entwicklung auch in China stattfindet.

LEE In China gibt es ein anderes Problem. China besitzt einen konfuzianischen Hintergrund, es lebt in dem Glauben, dass man jedermann einbeziehen kann. Es gibt also keinen wirklichen Kampf. Die heutigen Führer in China wissen, dass eine Disparität besteht zwischen dem Wohlstand an der Küste und dem im Landesinnern und dass die Wachstumsraten nicht nachhaltig auf eine Annäherung hindeuten. Sie bauen die Infrastruktur aus, versuchen, Investitionen ins Landesinnere nach Westen zu verlagern und die Verhältnisse einander anzugleichen. Die Amerikaner versuchen nicht, solche Gleichheit herzustellen. Was Singapur betrifft, so sind wir erfolgreich, und wünschen, dass die anderen es auch sein mögen (lacht).

SCHMIDT Sie sind extrem erfolgreich gewesen, Harry. Ein Wort noch zu Ihrer Einschätzung des europäischen Systems. In Europa gibt es große Unterschiede, was die Rolle des Wohlfahrtsstaates in der Gesellschaft angeht. Die Staaten, die diese Frage am besten gelöst haben, sind die skandinavischen, dann kommen Holland, Deutschland, Frankreich, dann die übrigen. Heute wird der Wohlfahrtsstaat in Europa als Teil der Lebenswirklichkeit verstanden, über die nicht mehr diskutiert werden muss. Er wird als selbstverständlich vorausgesetzt.

LEE Deshalb gibt es auch einen Verlust an individuellem Streben nach Erfolg und Wohlstand.

SCHMIDT Ich bin vollkommen Ihrer Meinung. Die Frage ist, ob die Amerikaner ihr Streben nach individuellem Erfolg behalten werden.

LEE Ich bin überzeugt, das werden sie, denn es liegt im Wesen ihrer
Gesellschaft. Die Pilgerväter lebten vor gerade einmal vierhun-
dert Jahren – das ist wenig im Vergleich zur europäischen Zivilisation –, und die Einwanderer werden immer mehr; ein großer Teil der Bevölkerung gehört der zweiten oder dritten
Einwanderergeneration an. Einwanderer sind in der Regel fle-
xibel, sie haben ihr Heimatland verlassen, sie haben eine un-
sichere Zukunft, also müssen sie alles tun, um ihre Zukunft zu
sichern.

MATTHIAS NASS Wie steht es um das asiatische Modell des Staatskapitalismus: freier Markt, aber mit einer starken Rolle des Staa-
tes?

LEE Nein, es ist kein vollständig freier Markt. Es ist ein partiell
freier Markt, aber der Staat spielt die Hauptrolle beim Ausgleich
der Interessen. Nehmen wir China als Beispiel und verallgemei-
nern es zum Modell. Die chinesische Führung ist sich bewusst,
dass ihre Legitimität von der Zustimmung der Bevölkerung ab-
hängt. Es gibt keine Wähler, keine demokratischen Wahlen, aber
sobald die Führung die Legitimität verliert, wird eine Revolution ausbrechen. Also bemüht sie sich, die Revolution zu verhindern, indem sie die Unterschiede auszugleichen und ein
Einkommensgleichgewicht zwischen den Erfolgreichen und
den Erfolglosen herzustellen versucht. Dies beruht auf der konfuzianischen Philosophie.

SCHMIDT Obwohl der Konfuzianismus das Land beherrschte, kam
es dennoch zum Taiping-Aufstand und zum Boxeraufstand,
beide im selben Jahrhundert.

LEE Der Taiping-Aufstand war eine merkwürdige Sache: Eine
Gruppe von Konterrevolutionären griff zu den Waffen und bedrohte das Zentrum. Der Boxer-Aufstand hingegen war eine
Bewegung gegen ausländische Besatzungsmächte in deren Nie-
derlassungen in Shanghai, Peking, Tianjin, Guangdong und in
den nördlichen Küstenprovinzen.

SCHMIDT   Sie messen ihnen also keine besondere Bedeutung bei?

LEE   Die Boxer wurden von kleinen ausländischen Truppenkontingenten mit überlegenen Waffen niedergeschlagen. Sie hätten niemals das ganze Land in ihre Gewalt bringen können. Dazu waren es zu wenige.

SCHMIDT   Kommen wir zurück auf die amerikanische Wirtschaft, die sich heute nicht im besten Zustand befindet. Was würden Sie tun?

LEE   Was könnte ich tun?

SCHMIDT   Nehmen wir an, Sie wären der Chef der Citigroup und ich der Chef von Goldman Sachs. Was würden wir tun?

LEE   Ich würde sagen, versuchen wir dem Präsidentschaftskandidaten zum Wahlsieg zu verhelfen, der bereit ist, das Schuldenproblem anzupacken.

SCHMIDT   Einen solchen Präsidenten werden wir nicht bekommen.

LEE   Dann wird das Problem bestehen bleiben, bis es so ernst geworden ist, dass man sich ihm stellen muss.

SCHMIDT   Die Amerikaner haben die Depression der dreißiger Jahre erst durch den Krieg und die Kriegsvorbereitungen überwunden.

LEE   Das stimmt, aber es liegt auch in der Natur ihrer Wirtschaft, dass sie sich plötzlich einen Ruck geben und wieder prosperieren, während Europa sich nur selbst bemitleidet. Ihr Heimatland war von Europa aus nicht angreifbar, sie waren sicher; also produzierten sie all die Waffen, Schiffe und Flugzeuge für die Schlachtfelder in Europa. Und nach dem Krieg hoben sie ab.

MATTHIAS NASS   Was ist der Grund dafür, dass die Amerikaner einen so riesigen Schuldenberg angehäuft haben? Haben sie zu viel konsumiert? Oder ist imperiale Überdehnung der Grund? Ist Amerika in einem Maße in die Angelegenheiten der ganzen Welt verstrickt, das seine ökonomischen Mittel überfordert?

LEE   Nein, die imperiale Überdehnung in Afghanistan und im Irak

Besuch der Terrakottaarmee im Mausoleum von Qin Shihuangdi in Zentralchina, einer der größten Grabanlagen der Welt.

ist nicht die Ursache des Problems. Der Grund ist, dass der Konsum das Einkommen übersteigt, das ist das Grundübel. Der Irak ist sicher eine falsche Investition gewesen – Waffen, Männer, viel Blut und Geld, aber ein Land wie Amerika verblutet nicht daran. Aber mehr auszugeben, als man verdient, das lässt sich nicht durchhalten.

SCHMIDT Ende des letzten Jahrhunderts gab es eine kurze Zeitspanne während Clintons Amtszeit, in der Amerika für einige Jahre das Ungleichgewicht zwischen Konsum und Ersparnissen korrigieren konnte.

LEE Aber es ist wieder gekommen.

SCHMIDT Und schlimmer als je zuvor.

LEE Die Amerikaner glauben, eine Konsumgesellschaft sorge automatisch für Prosperität.

SCHMIDT Das ist die Chicagoer Schule.

LEE Dieses Denken entspricht genau dem Eindruck, den die amerikanische Werbeindustrie weckt. Fliege jetzt, zahle später. Oder: Du brauchst es nicht, aber es ist gut für dich.

SCHMIDT Und es ist ihnen gelungen, ohne dass sie das beabsichtigten, die Folgen ihrer Schuldenpolitik weit über die Grenzen der Vereinigten Staaten hinauszutragen.

LEE Weil sie die größte Wirtschaft der Welt sind. Aber, wie gesagt, in der Mitte des 21. Jahrhunderts wird China Amerika als größte Wirtschaft ablösen, allerdings nicht was das Prokopfeinkommen betrifft.

SCHMIDT Nein, es wird weit mehr Zeit brauchen, um das chinesische Prokopfeinkommen auf die Höhe des amerikanischen zu steigern.

LEE Wenn es jemals gelingen sollte.

SCHMIDT Ja, da haben Sie recht. Aber von zentraler Bedeutung ist die Gesamtwirtschaftsleistung, und deshalb wird China in vierzig Jahren der größte Importeur und der größte Exporteur der Welt sein. Und Singapur wird einer der Häfen sein.

LEE (lacht) Das sind wir schon. Und unser Hafen steht jedem offen.

SCHMIDT Ihre Schiffe werden so groß werden, dass unsere Häfen in Europa sie nicht mehr aufnehmen können.

LEE Der Panamakanal beschränkt die Größe der Schiffe.

SCHMIDT Nein, die Größe von Containerschiffen wird er nicht beschränken. Die Containerschiffe werden einfach um die Südspitze Südamerikas herumfahren. Sie werden nicht durch den Panamakanal fahren. Und sie werden ziemlich langsam fahren, etwa 20, 21 Knoten, vielleicht sogar noch weniger, um …

LEE Treibstoff zu sparen.

SCHMIDT Ja, Diesel. Und der Rest von uns wird auf Kreuzfahrtschiffen sein Vergnügen suchen. (Beide lachen.)

MATTHIAS NASS Auf dem Höhepunkt der Finanzkrise war viel von Regulierungen die Rede. Alle waren sich darin einig, dass sie nötig seien. Ist man irgendwo ernsthaft darangegangen, die Finanzmärkte zu regulieren, so wie Sie es für notwendig erachten?

LEE Nach der Pleite von Lehman Brothers hat man versucht, die Auswüchse zu beschneiden. Aber ich wiederhole meine ursprüngliche Überzeugung, dass das amerikanische System des freien Marktes darin besteht, dass der Sieger alles bekommt. Also kehrt man zu den Exzessen zurück.

SCHMIDT Nach dem Zusammenbruch von Lehman Brothers ist keine tatsächlich wirkungsvolle Regulierung eingeführt worden, nicht eine einzige. Und jetzt philosophiert man schon über die Möglichkeit einer Double-dip-Rezession – das heißt, eine gefährliche Rezession leitet über in eine andere gefährliche Rezession. Für uns Europäer, vielleicht mit Ausnahme der Briten, wird die Frage lauten, ob wir versuchen sollten, uns von den USA zu distanzieren.

LEE Sich zu distanzieren – wie soll das funktionieren in einer globalisierten Wirtschaft? Wir exportieren in die Welt, und die Welt exportiert zu uns. Eigentum überschreitet Grenzen, Erfindungen werden gemacht, man bezahlt für Patente und Lizenzen, um neue Erfindungen nutzen zu können – rund um die Welt.

SCHMIDT Nehmen wir Singapur als Beispiel. Es ist Teil der globalisierten Wirtschaft. Aber es hat nicht diesen Unsinn mitgemacht, mehr zu essen, als es verdient. Im Fall Singapurs ist die Bilanz in Ordnung.

LEE Ja. Aber wir glauben auch nicht, dass wir der Motor der Weltwirtschaft sind, und folglich leben wir im Rahmen unserer Möglichkeiten. Die Amerikaner hingegen glauben, sie seien der Motor der Weltwirtschaft, und sie kommen damit durch. Ihre Schulden sind allesamt in Dollar aufgenommen, also können sie den Chinesen ruhig ein paar Billionen Dollar schulden – die Chinesen halten heute etwa dreitausend Milliarden Dollar –, denn sie brauchen diese Dollar nur zu drucken und den Chinesen zu geben; dafür nehmen sie eine Inflation hin.

SCHMIDT Ich denke, die Chinesen haben einen Fehler begangen, dass sie so viele Dollar angehäuft haben. Dass sie seit etwa zwanzig Jahren solche Überschüsse in ihrer Leistungsbilanz produzieren, anstatt mehr für ihre eigene Bevölkerung zu tun, war nicht wirklich unvermeidlich.

LEE Für ein armes Land, das so lange am Boden lag, ist die Chance, wieder reich zu werden, allzu verlockend. Für eine Regierung ist es wichtiger, selbst reich zu werden, als das Land reich werden zu lassen, weil man dann den Armen mehr zuteilen kann.

SCHMIDT Ich vermute, Deng wäre erstaunt über die Entwicklung, die China seit seinem Tod durchgemacht hat. Ich glaube, er hatte keine Vorstellung davon, wie weit die von ihm eingeleiteten Reformen gehen würden.

LEE Das würde ich nicht sagen. Wie ich schon erzählt habe, besuchte er Singapur und sah ein Land ohne Ressourcen, das prosperierte, weil es offen war für Investitionen und Handel. Nach diesem Vorbild schuf er die erfolgreichen Sonderwirtschaftszonen. Zhu Rongji machte dann aus dem ganzen Land eine

Sonderwirtschaftszone und führte es in die Welthandelsorganisation. Meiner Meinung nach hätte Deng allerdings nicht voraussehen können, dass durch diesen Beitritt zur WTO das
ganze Land für ausländische Investitionen geöffnet und ein
freier Kapitalfluss nicht nur ins Land, sondern auch aus dem
Land heraus möglich werden würde.

SCHMIDT Ich hielt den Zeitpunkt, zu dem China unter Zhu Rongji
Mitglied der Welthandelsorganisation wurde, für zu früh. Man
hätte warten sollen, bis China willkommen gewesen wäre und
nicht um Aufnahme hätte kämpfen müssen. Als ich von meiner
damaligen Chinareise nach Deutschland zurückkehrte, hatte
ich jedoch begriffen, dass Zhu die Mitgliedschaft in der WTO
als Instrument benutzte, um seinen Willen in China selbst
durchzusetzen.

LEE Vollkommen richtig. Um die Wirtschafts- und Industriestruk-
tur in China zu verändern.

SCHMIDT Das hätte aber nicht notwendigerweise zu einem Überschuss von drei Billionen führen müssen. Übrigens sind die
Deutschen genauso schlimm wie die Chinesen. Wir produzieren, am Anteil des BIP gemessen, einen Überschuss in der gleichen Größenordnung. Die Deutschen sind heute wirtschaftlich
wieder sehr stark, und sie bedrängen andere in einer Weise, die
diesen nicht gefällt.

LEE Aber können Sie Ihre Wähler überreden, mehr zu konsumie-
ren und weniger zu exportieren?

SCHMIDT Ich mahne das zuhause immer wieder an: Wir sollten
weniger exportieren, und wir sollten die Löhne etwas mehr ansteigen lassen. Es wäre nicht unmöglich, es wäre sogar leicht.
Heute laufen wir Gefahr, zum Buhmann der ganzen Welt zu
werden – neben China.

LEE Wenn man nicht mehr konkurrenzfähig wäre, würde man
einen solchen Schritt schnell bereuen. Man kann die Gesetze
der Wirtschaft nicht außer Kraft setzen. Die Preise der Deut-

schen sind konkurrenzfähig, und ihre Produkte sind qualitativ besser als diejenigen anderer, deshalb können sie exportieren und Überschüsse erwirtschaften. Das ist in jedem Fall eine bessere Position, als wenn ihre Löhne hoch und ihre Produkte nicht konkurrenzfähig wären und sie kein Problem mit der Handelsbilanz hätten.

SCHMIDT Es wäre besser, eine ausgeglichene Leistungsbilanz zu haben.

LEE Die ist schwer zu erreichen. Und ich glaube nicht, dass eine deutsche Regierung, ob sozialdemokratisch oder konservativ, jemals die Auffassung vertreten wird, der deutsche Arbeiter sollte einen höheren Lebensstandard haben, wenn dadurch die Exportindustrie aufs Spiel gesetzt werden würde.

SCHMIDT Von Mitte der sechziger Jahre bis zur Wiedervereinigung gab es mindestens zweieinhalb Jahrzehnte lang eine einigermaßen ausgeglichene Zahlungsbilanz. Und es ging uns damals nicht gerade schlecht. – Aber jetzt sind wir fast bei philosophischen Wirtschaftsfragen angelangt. Was hätte Konfuzius von einem solchen Gespräch gehalten?

LEE Ich denke, eine globalisierte Welt mit freiem Markt und freiem Handel hätte er sich nicht vorstellen können. Die Welt, in der er dachte, war ein China, das keine Beziehungen zur Außenwelt brauchte und zufrieden in sich ruhte. Heute muss China, wenn es wachsen will, Rohstoffe aus Afrika und Australien importieren – Kohle, Eisen. Das hat es in der Geschichte bisher so nicht gegeben. Aber es ist eine Veränderung, die die chinesische Haltung zur Welt und die Außenpolitik Chinas verändern wird.

MATTHIAS NASS Zwei Fragen: Was macht ein Land konkurrenzfähig, allein das Wirtschaftssystem? Und: Kann Amerika seine Konkurrenzfähigkeit zurückerlangen?

LEE Um konkurrenzfähig zu sein, braucht man nach meinem Verständnis gut ausgebildete und motivierte Arbeiter, Denker nicht nur an der Spitze, sondern auf der gesamten Stufenleiter und in allen Bereichen der Wirtschaft – so etwas wie euren Mittelstand in Deutschland, der Präzisionsmaschinen herstellt. Um dies zu erreichen, braucht man eine gut ausgebildete Bevölkerung. Amerikas größte Schwäche, die seine künftige Stellung bedroht, ist die mangelnde Bildung in der Breite. Sehr hohe Qualität an der Spitze, aber mittelmäßige, tatsächlich sogar schlechte Qualität in vielen Bundesstaaten. Und die Zentrale kann hier nicht lenkend eingreifen, weil Bildung Sache der Bundesstaaten ist.

SCHMIDT Dem würde ich zustimmen, möchte aber hinzufügen, dass sicher auch die Gene eine Rolle dabei spielen, ob man konkurrenzfähig ist.

LEE Ja, natürlich. Doch damit würde man, versteht sich, große Aufregung auslösen. Alle libertär Denkenden würden sagen, man sei elitär.

SCHMIDT Ich will meine Aussage präzisieren und nehme als Beispiel das unterschiedliche wirtschaftliche Verhalten der Polen und der Russen. Polen ist ein Land mit knapp 40 Millionen Einwohnern, Russland eines mit 120 Millionen. Polen erholt sich ziemlich schnell und baut heute eine Mittelschicht auf, Russland tut das sehr langsam. Die Gene dürften mehr oder weniger die gleichen sein, aber die Polen packen es anders an.

LEE Ich glaube, dass die russischen Gene genauso gut sind wie die der Polen, denken Sie an ihre Komponisten, Schachweltmeister, Schriftsteller; die Russen sind ein sehr talentiertes Volk. Aber ihre Gesellschaftsstruktur, ihre Regierungsform ist so, dass das Land seine Kräfte nicht vereinen kann. Der russischen Kultur fehlt etwas, so dass die Russen trotz herausragender Künstler wie Tolstoi, Dostojewski, Strawinsky, trotz großer Dirigenten und so weiter nicht in der Lage sind, ihre Kräfte als Volk zu bündeln.

SCHMIDT Ich stimme Ihnen zu. Aber vergessen Sie nicht: Die Oberschicht ist immer noch kommunistisch, das bedeutet, sie denken planwirtschaftlich. Die Russen hinken ökonomisch immer noch hinterher. Das Einzige, worin sie sich auszeichnen, ist die Rüstung.

LEE   Sie halten sich selbst nun einmal für eine einzigartige Nation. Elf Zeitzonen, die größte Landmasse quer durch Europa und Asien. Unbesiegbar und von unerschöpflicher Stärke. Aber ihnen fehlt etwas, was eine kraftvolle, blühende Gesellschaft schafft. Sie verkaufen weiterhin Gas, Öl und Bodenschätze, und deshalb geht es Putins Russland gut, weil die Öl- und Gaspreise hoch sind.

SCHMIDT   Und hoch bleiben werden.

LEE   Also machen sie weiter.

SCHMIDT   Ja. Was aber in gewisser Weise eine Schwäche darstellt.

LEE   Was in gewisser Weise zu Frieden und Stabilität in Europa beiträgt. Denn wenn sie ihre Kräfte bündeln würden, könnten sie, selbst ohne die Völker der alten Sowjetunion, ohne Kasachstan und all die Kaukasusvölker, Europa leicht verschlingen.

SCHMIDT   Aber niemand hat heute Angst vor Russland.

LEE   So ist es.

SCHMIDT   Und die NATO sucht nach einem neuen Feind.

LEE   Die Amerikaner versuchen mir klarzumachen: Hören Sie, Sie drücken sich vor der Verantwortung, wenn Sie nicht genug für die Rüstung ausgeben. Sie hängen bei der Verteidigung von uns, den Amerikanern, ab.

SCHMIDT   Vermutlich brauchen Sie Amerika hier in Ostasien im 21. Jahrhundert mehr als wir in Europa.

LEE   Das könnte stimmen. Aber wenn eine Wende der Ereignisse eintritt, die zu einer Wiederbelebung Russlands führt, gerät Europa in Schwierigkeiten.

SCHMIDT   Dem stimme ich zu. Aber ich halte es nicht für sehr wahrscheinlich, dass dies geschieht. Es ist sogar ziemlich unwahrscheinlich.

MATTHIAS NASS   Seit einiger Zeit ist viel von einer »globalen Machtverschiebung« vom Atlantik zum Pazifik die Rede. Präsi-

Deng, seit dem Tod Maos der starke Mann Chinas,
begrüßt Schmidt 1988 in der Halle des Volkes.

dent Obama hat diese Wendung nach Asien und zum Pazifik gewissermaßen zur offiziellen Außenpolitik der USA gemacht. Ist der Pazifik der Ozean der Zukunft?

LEE   Nein, ich glaube, man sollte es anders sehen. Ich denke, aus amerikanischer Sicht ist Europa heute relativ sicher. Das Problem der Amerikaner wird China sein. Was also bedeutet diese Wendung? Sie bedeutet, dass die Amerikaner ihre Wirtschaftsinvestitionen und militärischen Aktivitäten im Pazifik konzentrieren müssen. Sie bedeutet keine Verschiebung der globalen Machtverhältnisse. Sie bedeutet eine Verschiebung der amerikanischen Perspektive, weil Amerika eine neue Bedrohung seiner Vorherrschaft sieht.

SCHMIDT   Ja. Aber ihre Vorherrschaft wird nicht mehr so groß sein wie am Ende des 19. und im 20. Jahrhundert. Sie wird schrittweise abnehmen, und China wird schrittweise stärker werden. Und Russland wird sich schrittweise nicht verändern.

LEE   (lacht) Letzterem stimme ich zu. Ich stimme auch zu, dass China stärker werden wird, aber ich glaube nicht, dass es dominant genug werden kann, um den Pazifik zu kontrollieren.

SCHMIDT   Das wird lange Zeit brauchen, mehr als ein Jahrhundert.

LEE   Es ist nicht möglich.

SCHMIDT   Ich bin nicht sicher, ob es eines fernen Tages nicht doch möglich sein wird. Ich denke an den berühmten Admiral Zheng He. Damals hätten die Chinesen leicht die Herren des Pazifiks werden können.

LEE   Ich bleibe dabei: Nach meiner Überzeugung besitzen die Chinesen nicht das Selbstvertrauen, sich nach Übersee auszudehnen. Sie sind eine Kontinentalmacht, und sie dehnen sich eher auf dem Kontinent aus. In ihren Augen sind Überseebesitzungen nur eine Ablenkung und Talentverschwendung.

SCHMIDT   In vieler Hinsicht sind die Chinesen ein sehr weises Volk.

LEE Sie hätten Australien und Neuseeland und viele andere spärlich besiedelte Gebiete leicht bevölkern können.

SCHMIDT Ihre Nachfahren würden dann als Kängurus enden.

LEE (lacht) Nein, ihre Nachfahren werden wie die Amerikaner enden und ihre Vorherrschaft gefährden.

SCHMIDT Was endet, ist die Vorherrschaft der WASPs in Amerika,
die Vorherrschaft der Weißen mit angelsächsisch-protestanti-
schem Hintergrund. Die alte Ostküstenelite ist völlig verschwunden.

LEE Das ist überhaupt nicht tragisch, denn das Land ist groß genug; es hat eine Elite an der Ostküste, eine Elite in der Mitte –
die Mitte reicht von Chicago bis hinunter nach Austin, Texas –
und eine Elite an der Westküste.

SCHMIDT Mehr als zweihundert Jahre hatte die Ostküste die Führung; die Möglichkeit zur Wende kam 1803 mit dem Louisiana
Purchase, als Thomas Jefferson mit dem Kauf riesiger Gebiete
im Mittleren Westen das Gebiet der USA mehr als verdoppelte.
Aber selbst in den Jahren nach dem Zweiten Weltkrieg war es
noch immer die Ostküstenelite, die den politischen Kurs Amerikas bestimmte; sie arbeitete den Marshallplan aus, sie brachte
Leute wie Eisenhower und Kennedy an die Macht. Heutzutage
kommen die Präsidenten der Vereinigten Staaten aus dem Süden, aus Texas, aus Alabama, sogar aus Kalifornien, und dort
gelten andere Bedingungen als an der Ostküste. Was ich sagen
will, ist, dass Amerika sich schrittweise verändern und mit dieser
Veränderung friedlicher und weniger aggressiv werden wird.

LEE Da bin ich anderer Meinung. Dass Amerika sich verändern
wird, während sich die Macht nach und nach von der Ostküste
in die Mitte und an die Westküste verlagert – ja. Aber dass es
friedlicher werden wird – nein. Die Amerikaner glauben, sie
seien die stärkste Macht der Welt, und ihre Technologie, ihr Er-
findungsreichtum und ihre Kreativität würden immer aufs
Neue dafür sorgen, dass sie die Nummer eins bleiben. All die

neuen Erfindungen rund um das Internet sind ihre Schöpfungen. Dem Wesen ihrer Gesellschaft gemäß wird der Einzelne belohnt. Also sagen sie: Versuch es! Sei nicht neidisch auf Bill Gates, sei der nächste Bill Gates! Das ist ihre Philosophie. Sie mag sich allerdings mit der Zeit verändern, wenn immer weniger Figuren wie Bill Gates auftauchen.

SCHMIDT Wenn ich amerikanischer Politiker wäre, würde ich mir darüber Sorgen machen, dass meine Soldaten nicht in die Gesellschaft integriert sind. Die amerikanischen Soldaten kommen heute immer häufiger aus den untersten Schichten, insbesondere im Heer, aber auch schon bei den Marines. Und diese jungen Leute werden nach Afghanistan, in den Irak und an andere Orte geschickt. Ich frage mich, wie lange das ohne Aufbegehren so weitergehen wird.

LEE Ich sehe nicht, dass von der Armee eine Rebellion droht. In den meisten Ländern ist es zu Friedenszeiten genau so: Das Militär rekrutiert sich aus den Unterschichten.

MATTHIAS NASS Die amerikanische Gesellschaft ist zweifellos extrem polarisiert. Als Barack Obama sein Amt antrat, sagte er, er wolle die Gesellschaft versöhnen und die Vereinigten Staaten wieder vereinigen. Er ist gescheitert. Warum ist die amerikanische Gesellschaft heute so polarisiert?

SCHMIDT Ich denke, die Polarisierung wird in Amerika heute überbewertet. Es gibt sie, aber man sollte sie nicht überbewerten.

LEE In einer Verfassung wie der amerikanischen, die Gewaltenteilung vorsieht, passiert es immer wieder, dass Kongress und Regierung sich gegenseitig blockieren. Präsident, Repräsentantenhaus, Senat, jeder kontrolliert den anderen, und jeder hat eine andere Wählerschaft hinter sich. Jefferson und Madison haben die Verfassung aber deshalb so gestaltet, weil sie verhindern wollten, dass der Präsident zu stark wird.

SCHMIDT Das Prinzip hat bei verschiedenen Gelegenheiten nicht wirklich funktioniert. Die amerikanische Verfassung war zu dem Zeitpunkt, zu dem sie geschrieben wurde, eine der besten der Welt. Doch das scheint nicht mehr der Fall zu sein. Der Präsident wird gewählt, weil er aus den Reihen der konservativen Partei, Republikaner genannt, oder der liberalen Partei, Demokraten genannt, kommt; sobald er gewählt ist, soll er aber die gesamte Nation repräsentieren. Bis zum Wahltag kämpft man gegeneinander, dann ist man vier Jahre im Amt – das ist eine relativ kurze Zeitspanne –, und die Hälfte der Zeit braucht man, um für seine Wiederwahl zu arbeiten.

LEE Ich würde es noch zuspitzen: In den ersten beiden Jahren arbeitet sich der Präsident ein, und in den letzten beiden Jahren steht er im Kampf um eine zweite Amtszeit.

SCHMIDT Sehr richtig. Außerdem ist das Staatsoberhaupt zugleich Regierungschef, nein, er ist eigentlich die Regierung. Als die Verfassung Ende des 18. Jahrhunderts geschrieben wurde, gab es übrigens keine Globalisierung und keine globalen Kriege. Heutzutage ist der US-Präsident zugleich Oberbefehlshaber der Streitkräfte in einer völlig veränderten Welt.

MATTHIAS NASS Wir haben über Amerika gesprochen und zuvor über China. Ich möchte das Gespräch jetzt gern auf Europa lenken. Wo bleibt Europa in dieser neuen »pazifischen Welt« – wirtschaftlich, politisch, strategisch? Welche Rolle wird Europa im 21. Jahrhundert spielen?

SCHMIDT Das Wort »Rolle« erinnert mich daran, dass es aus der Welt des Theaters stammt. Im Theater spielt man entweder eine Tragödie oder eine Komödie. Wir hatten genügend Tragödien – zwei Weltkriege in einem Jahrhundert –, jetzt ist es Zeit für eine Komödie.

LEE (lacht) Und wie soll sie heißen?

SCHMIDT Der Ulk enthält einen wahren Kern. Die Europäer machen sich nämlich zu Narren. Seit fast sechzig Jahren versuchen wir, Europa zu vereinigen, und jetzt befinden wir uns in einer

tiefen Krise. Ich bin seit 1948, seit meinem dreißigsten Lebensjahr, von der Notwendigkeit der europäischen Union überzeugt.
Ich war von Anfang an von dieser Idee zutiefst überzeugt; mein
Lehrer war Jean Monnet. Aber ich muss zugeben, dass ich die
Schwierigkeiten, vor allem was die unterschiedlichen nationalen Befindlichkeiten betrifft, enorm unterschätzt habe. Ebenso
unterschätzt habe ich die Tatsache, dass man in Europa 35 Sprachen spricht, was bedeutet, dass jedes einzelne Volk seine Iden-
tität durch seine eigene Literatur und seine eigene Überlieferung auf jeweils eigene nationale Weise interpretiert. Nehmen
wir zum Beispiel Polen und Deutsche. Sie haben über zweihundert Jahre lang Krieg gegeneinander geführt, und jetzt pflegen
sie die Erinnerung an diese Kriege, um über diese Geschichte
hinwegzukommen. Und es sind nicht die einzigen beiden Völker, die schlechte Erinnerungen aneinander haben. Die Pflege
der nationalen Überlieferung ist viel stärker als der Wille der
politischen Klasse, Europa zu vereinigen und eine gemeinsame
Strategie zu entwickeln.

LEE   Alte Völker mit einer langen Geschichte sind stolz auf ihre
Siege und hegen Groll wegen ihrer Niederlagen. Das lässt sich
nur sehr schwer ausmerzen. Und wie Sie gesagt haben, jedes
Volk betrachtet die eigene Sprache als überlegen und hängt an
der eigenen Literatur, den eigenen berühmten Dichtern und
Schriftstellern, und wird sie nicht aufgeben.

SCHMIDT   Es gibt eine Ausnahme, die Musik. Wir haben eine europäische Musik. Wir haben auch, bis zu einem gewissen Grad,
eine europäische Literatur, Hamsun wurde ins Englische oder
Deutsche, Dante ins Französische oder Englische übersetzt. Daraus ist in gewisser Weise ein europäischer Literaturkanon entstanden. Ähnliches gilt für die bildenden Künste. Heute bauen
wir gemeinsam Flugzeuge, den Airbus. Dennoch kämpfen die
beiden führenden Nationen darum, wer den Vorstandsvorsit-
zenden stellt.

LEE Der einzige Weg, Europa zusammenzubringen, bestünde darin, die Europäer für eine Generation nach Amerika zu verpflanzen und dann zurückzuholen (beide lachen). Bringt sie nach Amerika und holt sie in der nächsten Generation zurück, dann werden sie Europäer sein.

MATTHIAS NASS Sie klingen beide recht pessimistisch. Aber was wir in den letzten sechzig Jahren in Europa erlebt haben, ist ein historisches Wunder. Warum sollte dieses Europa nicht in der Lage sein, aus der gegenwärtigen Krise herauszukommen und dabei vielleicht sogar noch stärker zu werden?

LEE Wegen der beiden Weltkriege ist Europa kriegsmüde, des Ruhms überdrüssig und zufrieden damit, ein ruhiges, behagliches Leben mit guten Sozialleistungen zu führen. Das Problem, dem es jetzt gegenübersteht, ist die Herausforderung durch aufstrebende Mächte wie Indien und China, die billige Waren produzieren und das zufriedene Leben stören. Europa muss sich anpassen, und ich hoffe, es wird sich so anpassen, dass zwischen Erfolgreichen und Erfolglosen weiterhin ein gewisser Ausgleich geschaffen wird. Denn dies hat die Europäer in die Lage versetzt, eine glücklichere Gesellschaft zu sein als die amerikanische. Sie haben keine Unterschicht. Amerika hat eine, und der Preis, den das Land für seine vom Konkurrenzkampf geprägte dynamische Gesellschaft zahlt, sind viele Pleiten. The Winner Takes It All!

SCHMIDT Es ist irgendwie komisch, dass Sie zwei ältere Herren auffordern, optimistischer zu sein (beide lachen). Es wäre gegen die Natur. Sind Sie optimistisch, Harry?

LEE Ich würde sagen, die menschliche Natur ändert sich nicht. Was sich verändert hat, sind die Umstände, mit denen wir es heute zu tun haben. Eine Welt, zeitgleiche Kommunikation, einfache Transportmöglichkeiten – man konkurriert also nicht nur mit seinen direkten Nachbarn, sondern der Wettbewerb findet weltweit statt. Obwohl China Tausende Kilometer von Amerika entfernt ist, sind die Amerikaner mit einer Flut von Importen aus

China konfrontiert. Und ohne das System zu verändern, können sie die Chinesen nicht aufhalten. Das System zu verändern würde aber bedeuten, den eigenen Lebensstandard zu verringern. Also müssen sie sich an eine neue Welt anpassen, in der auch entfernte Nachbarn Konkurrenten sind.

SCHMIDT Vor sechs oder sieben Jahren habe ich ein Buch mit dem Titel »Nachbar China« veröffentlicht, das heute bereits durch die Ereignisse überholt scheint. Wir haben ja schon über die Veränderungen in China gesprochen, nachdem Mao weg war und Deng die Macht übernommen hatte. Dann kam als Regierungschef Li Peng, nach ihm Zhu Rongji, dann Wen Jiabao. An der Spitze der Partei stand erst Jiang Zemin, jetzt ist Hu Jintao und demnächst Xi Jinping an der Macht. Es sind enorme Veränderungen erfolgt, die das chinesische Volk so wohl kaum vorausgesehen hat.

LEE Wie hätte man es voraussehen können? Heute ist China Teil einer globalen Welt, die Entwicklung im Land wird nicht mehr allein durch Peking bestimmt. Als das große Erdbeben Sichuan erschütterte – das war vor Einführung des Smartphones –, musste man ein, zwei, drei Wochen warten, bis man davon erfuhr, und Peking entschied, wie das Unglück der Welt präsentiert wurde. Heute übermittelt jemand, der am Ort ist, einem Bekannten die Neuigkeit, und schon geht sie um die Welt. Es gilt also ein neues China zu regieren, das mit der Welt vernetzt ist.

SCHMIDT Ich erinnere mich an ein langes Gespräch mit Deng. Das war 1984 , während der Vorbereitungen zum fünfunddreißigsten Jahrestag der Gründung der Volksrepublik. Wir saßen zusammen, nur wir beide und ein Dolmetscher; wir kannten uns seit ungefähr zehn Jahren, also kannten wir uns in gewisser Weise recht gut, und es war ein sehr offenes Gespräch. Ich zog ihn ein bisschen auf, indem ich zu ihm sagte: In gewisser Hinsicht sagt ihr chinesischen Kommunisten nicht die Wahrheit, denn ihr nennt euch Kommunisten, tatsächlich aber seid ihr

*Mit Huang Hua, dem ehemaligen chinesischen Außenminister
und ersten UN-Botschafter der Volksrepublik, am Rande einer
Tagung des Interaction Council 1989 in Washington.*

Konfuzianer. Das schockierte ihn irgendwie; er brauchte einige Sekunden, dann gab er mir eine Antwort, die nur aus zwei Worten bestand: »So what!«

LEE (lacht) Ein großer Mann! Er stellte sich der Realität. Es gibt fünf Elementarbeziehungen im Konfuzianismus, die jeder Chinese versteht, ohne sie gelernt zu haben, nämlich die Beziehung zwischen Mann und Frau, Eltern und Kind, die Beziehung zwischen Brüdern, das Freund-Feind-Verhältnis und die Treue zum Herrscher.

SCHMIDT In den letzten dreißig Jahren ist in China ein Phänomen zu beobachten, das mich stark an das konfuzianische System erinnert, ich meine die Art, wie Prüfungen abgenommen werden. Man musste zunächst eine Prüfung auf Kreisebene ablegen, danach eine auf Provinzebene, dann kam ein Wettbewerb auf Landesebene, und man musste diesen Wettbewerb wiederholen.

LEE Es gibt einen Unterschied zu früher. Vor der kommunistischen Revolution war die klassische chinesische Literatur Gegenstand der Prüfungen, man musste die Originalschriften kennen, welche die Grundlage der chinesischen Sprache und Kultur bilden. Heute muss man alles über die Kommunistische Partei wissen, und diese Bildung geht natürlich in eine andere Richtung.

MATTHIAS NASS Kann man das chinesische System als eine Meritokratie bezeichnen, als eine Gesellschaft, in der tatsächlich die fähigsten Leute an die Spitze gelangen?

LEE Wenn man ein gutes Regime hat, einen guten Kaiser, dann entscheidet das System der kaiserlichen Prüfungen darüber, wer welche Stellung erhält. Aber das bedeutet nicht, dass es das beste System ist. Vielmehr bedeutet es, dass der beste Prüfling, derjenige, der die Fragen am besten zu beantworten weiß, die beste Stellung bekommt. Es geht nicht darum, denjenigen zu finden, der fähig wäre, das Land zu führen. Ich bin überzeugt, dass es unter den Studenten, die Landwirtschaft, Naturwissenschaften und so weiter studieren, viele wertvolle Leute mit administrativen Fähigkeiten und einem hohen IQ gibt, der sie befähigen würde, sich in die Menschen einzufühlen und das Land besser zu regieren. Die Kommunistische Partei versucht derzeit, eine Aristokratie heranzubilden, die über ihre spezifische Qualifikation hinaus zusätzlich über die für eine gute Regierung nötigen Grundlagen verfügt. Dabei hat sie von Kreis zu Kreis unterschiedliche Erfolge. Es ist ein derart großes Land, dass es vom Zentrum aus nicht kontrolliert werden kann. Das Zentrum kann die Spitzenkandidaten unter die Lupe nehmen, welche die Prüfungen in den Kreisen, den Provinzen, den Provinzhauptstädten und schließlich in Peking bestanden haben. So weit reicht der Arm der zentralen Führung. Aber auf dem Weg dorthin fallen viele begabte Leute, die Führungsqualitäten mitbringen, hinten herunter.

SCHMIDT Ich frage mich manchmal, ob es wirklich eine kommunistische Gesellschaft ist.

LEE Nein. Es ist eine chinesische Gesellschaft. Kommunistisch ist sie nur dem Namen nach.

SCHMIDT Mehr eine chinesische Gesellschaft als eine kommunistische?

LEE Ja. Aber die Führung muss sich kommunistisch nennen, sie muss Mao preisen, denn wozu wäre sie sonst da?

SCHMIDT Um die Frage umzudrehen: Ist Amerika noch ein kapitalistisches Land, oder ist es nur eine façon de parler, vom kapitalistischen Amerika zu sprechen?

LEE Ich denke, es ist kapitalistischer als Europa.

SCHMIDT Richtig.

LEE Und kapitalistischer als China.

SCHMIDT Während die europäischen Gesellschaften wiederum egalitärer zu sein scheinen als die chinesische.

LEE Dem würde ich zustimmen. Denn die chinesische Gesellschaft befindet sich auf einer Entwicklungsstufe, auf der alles sehr schnell wächst und die Unterschiede zwischen den Erfolgreichen und den weniger Erfolgreichen sich schnell vergrößern.

SCHMIDT   Nimmt man den Lebensstandard in der Provinz Guangdong zum Maßstab, wie groß wäre dann der Unterschied zum Lebensstandard der Bauern in der Provinz Sichuan?

LEE   Am Einkommen gemessen, wäre der Unterschied sehr groß. Aber an der Kaufkraft gemessen, ist der Unterschied geringer, denn im Landesinneren sind die Dinge des täglichen Bedarfs billiger; Lebensmittel, Mieten, Schulen, Gesundheitsdienst, das alles ist preiswerter. Dennoch ist das Landesinnere erheblich im Nachteil. Deshalb ziehen die Menschen an die Küste und werden Arbeiter, die in den Städten die schweren, schmutzigen Arbeiten erledigen, ohne die Vorteile von medizinischer Versorgung und Bildung für sich und ihre Familien nutzen zu können. Inzwischen hat die Regierung erkannt, dass diese Menschen nicht aufs Land zurückgehen, sondern bleiben werden, und deshalb versucht man die Städte dazu zu bringen, Verantwortung für sie zu übernehmen.

SCHMIDT   Das System der Aufenthaltserlaubnisse besteht doch noch, oder?

LEE   Ja, ein Meldesystem namens Hukou. Aber es ist nicht mehr durchsetzbar.

SCHMIDT   Es ist nicht mehr durchsetzbar?

LEE   Weil das Reisen so billig geworden ist. Sie haben Hochgeschwindigkeitszüge, schnelle Autobahnen. Das ist gut für die Wirtschaft, aber es macht auch die Menschen mobil. Und immer mehr Autobahnen und Eisenbahnstrecken lassen auch die ländlich geprägten Gebiete im Landesinneren immer näher an die Küstenprovinzen heranrücken. Deshalb überlegt man, das Hukou-System offiziell abzuschaffen. Denn inoffiziell gilt es bereits als nicht mehr praktikabel.

SCHMIDT   Stammt die Idee, all diese Autobahnen, Flugplätze und

Eisenbahnstrecken zu bauen, um den Reichtum der Küstengebiete auch ins Landesinnere, in den Westen und Nordosten zu bringen, noch aus der Zeit Deng Xiaopings, oder ist sie im Wesentlichen erst im 21. Jahrhundert entstanden?

LEE Begonnen wurde damit zum Großteil schon in den achtziger und neunziger Jahren des vorigen Jahrhunderts, bald nach Dengs Entscheidung, China zu öffnen. Um möglichst kostengünstig produzieren zu können, brauchte man eine funktionierende Verkehrsinfrastruktur.

SCHMIDT Ich möchte noch einige Sätze dem hinzufügen, was ich vorhin über Europa gesagt habe, weil es möglicherweise einen falschen Eindruck bei Ihnen hinterlassen hat. Trotz des demographischen Rückgangs der Europäer und trotz der enormen Schwierigkeiten beim Aufbau einer wirklichen europäischen Union, fehlt es mir nicht gänzlich an Optimismus. Ich bin ziemlich sicher, dass die Europäer am Ende des 21. Jahrhunderts immer noch eine bedeutende Rolle auf dem Gebiet der »soft power« spielen, insbesondere bei Literatur, Musik und bildender Kunst. Ich war ungefähr zehn Jahre Jury-Mitglied des vom japanischen Kaiserhaus gestifteten Praemium Imperiale, der jährlich fünf Preise auf fünf Gebieten der Kunst vergibt: für Malerei, Skulptur, Musik, Architektur und Film. Ich habe die Gelegenheit genutzt, um die Preisträger kennenzulernen, darunter einen chinesischen Architekten, einen brasilianischen Architekten, einen indischen Musiker. Aber woher sie auch kamen, alle waren, mit wenigen Ausnahmen, von Europa beeinflusst.

LEE Kein Zweifel, der kulturelle Einfluss der Europäer ist weltweit und nachhaltig. In der Musik und bei der bildenden Kunst sind sie führend. Nehmen wir die Musik. Die Chinesen haben fünf Töne, deshalb ist die Spannweite der Musik, die sie machen können, begrenzt, und auch ihre Instrumente halten dem Vergleich mit den europäischen nicht stand. Obwohl, ich war einmal in einem Museum, wo man mir eine Reihe von chinesischen Glocken zeigte, die alle in Größe und Klang verschieden waren, und das war eine wunderbare Musik. Aber sie haben eben keine sieben Töne. Das haben sie versäumt. Fünf Töne in der Musik, das ist ungeschickt.

SCHMIDT   Ich glaube, die Inder haben mehr als fünf und sogar mehr als die Europäer. Kennen Sie Ravi Shankar?

LEE   Ah, ein großer Meister.

SCHMIDT   Er spielt Vierteltöne.

LEE   Aber die indische Musik hat sich nur im indischen Film durchgesetzt. Und Bollywood ist eine Nachahmung von Hollywood.

MATTHIAS NASS   Was ist mit der künftigen ökonomischen und politischen Rolle Europas? Amerika war immer auch eine »pazifische Nation« mit Interessen in diesem Teil der Welt. Europa hingegen scheint keinerlei strategische Interessen in Asien zu haben. Hat Europa in einer multipolaren Welt keine andere Zukunft, als zum Museum zu werden?

LEE   Wenn Europa sich nicht vereinigt und in 27 Länder aufgeteilt bleibt, wird es gegenüber Amerika und China und sogar gegenüber Russland im Nachteil sein. Die Gefahr, an den Rand gedrängt zu werden, wird die Europäer jedoch zu der Einsicht bringen, dass sie eine Föderation in irgendeiner Form hinbekommen müssen. Der Prozess wird sich allerdings langsam und schmerzhaft vollziehen und aufgrund der Geschichte und der Sprachen nie vollständig abgeschlossen werden.

SCHMIDT   Andererseits werden die Europäer unter abnehmender Bedeutung nicht leiden. Sie werden an Bedeutung verlieren …

LEE   Aber ein bequemes Leben führen.

SCHMIDT   Ja – und sehr alt werden. Sie werden älter als Sie und ich werden! Der Trend geht jetzt in Richtung 100.

LEE   Das kann nicht funktionieren. Im Verhältnis zu der Rate, mit der die Bevölkerung abnimmt, ist das untragbar. Wenn das so weitergeht und man auf die 200 Jahre Lebenszeit zusteuert, müsste ein Mensch für fünf arbeiten. Das ist unmöglich.

SCHMIDT Die große Aufgabe für die Europäer besteht darin, dass sie extrapolieren und das Sozialversicherungssystem so anpassen müssen, dass ein Mensch über das fünfundsechzigste und später über das siebzigste Lebensjahr hinaus arbeiten kann und muss.

LEE Diese Aufgabe gilt für alle Länder. Auch die Chinesen werden länger arbeiten müssen, denn sie werden unter den Folgen der Ein-Kind-Politik leiden und schrumpfen.

SCHMIDT Ja, sie werden das gleiche Problem bekommen wie wir in Europa.

LEE Sie stehen bereits vor diesem Problem.

SCHMIDT Zur Aufrechterhaltung des Lebensstandards ist es notwendig, die Menschen umzuschulen, und zwar rechtzeitig, zu einem Zeitpunkt, an dem das Gehirn noch fähig ist, sich auf eine neue Arbeit zu konzentrieren. Vielleicht sind solche Umschulungen sogar zweimal im Leben notwendig.

LEE Es gibt Untersuchungen, nach denen die technologische Entwicklung das Wirtschaftsleben derart rasant verändern wird, dass man dreimal im Leben eine neue Arbeit erlernen muss.

SCHMIDT Sogar dreimal! Älteren Menschen diese künftige Notwendigkeit heute begreiflich zu machen, ist sehr schwer.

LEE Aber die jüngeren Leute sind sich immer klarer darüber, dass sie weit über das fünfundsechzigste Jahr hinaus arbeiten müssen.

SCHMIDT Als Bismarck am Ende des 19. Jahrhunderts die Invalidenrente für die Massen einführte, lag das Eintrittsalter bei siebzig Jahren. Aber neunzig Prozent der Arbeiter starben vor ihrem siebzigsten Geburtstag, die bekamen also keinen Pfennig. Während des Ersten Weltkriegs wurde die Altersgrenze von siebzig auf fünfundsechzig Jahre gesenkt. Heute gehen die Menschen im Durchschnitt mit 62 Jahren und ein paar Monaten in

Rente. Ich denke, wir werden das Ganze sogar auf über siebzig Jahre ausdehnen müssen.

LEE   Das ist nicht tragbar.

SCHMIDT   Muss man also darüber nachdenken, Menschen zu töten?

LEE   Nein, natürlich nicht. Aber die Jungen werden rebellieren. Sie produzieren das BIP und müssen zugleich die Alten unterstützen.

SCHMIDT   In Deutschland leiden heute schon rund 1,5 Millionen Menschen an schwerer Demenz. Wie viele Demenzkranke haben Sie hier?

LEE   Wir haben sie nicht gezählt. Aber ich glaube, unsere Lebenserwartung liegt bei rund 78 Jahren für Männer und 82 für Frauen.

SCHMIDT   Ungefähr wie in Europa.

LEE   Aber wir beharren immer noch darauf, dass die Familie die Hauptverantwortung übernimmt.

SCHMIDT   Daran mangelt es in Europa. Man betrachtet die Altersversorgung immer mehr als Verantwortung der Gesellschaft, die Menschen verlassen sich zunehmend auf den Staat. Andererseits ist der Wohlfahrtsstaat eine Errungenschaft der Europäer, die in andere Regionen transferiert werden wird, in Teile Asiens und mit Sicherheit in die Vereinigten Staaten. Der Wohlfahrtsstaat hat eine Zukunft.

LEE   Aber der Wohlfahrtsstaat muss gebändigt werden. Ich bin in meiner Jugend als Student in Großbritannien gewesen. Damals gab es den Beveridge Report – staatliche Fürsorge von der Wiege bis zur Bahre. Ich habe erlebt, wie dieses System scheiterte. Also habe ich nach meiner Rückkehr nach Singapur, wo die Briten es ebenfalls eingeführt hatten, in aller Stille eine Kehrtwende eingeleitet und gesagt: Nein, ihr müsst euch zuallererst auf die Familie stützen, und erst, wenn die Mittel der Familie erschöpft sind, werde ich euch helfen.

SCHMIDT   Eine ähnliche Kehrtwende zurück zur Familie wird in

Helmut Schmidt und Jiang Zemin, von 1989 bis 2002 Generalsekretär der KP Chinas, 1996 in Peking. Ein Jahr zuvor hatte Jiang die Bundesrepublik besucht.

Europa nicht mehr möglich sein. Zumal bei uns immer weniger Ehen geschlossen werden.

LEE Ja. Aber bei Ihnen gibt es viele uneheliche Kinder. Bei uns nicht. Man bleibt unverheiratet, aber uneheliche Kinder zu haben gilt als Schande. Deshalb schrumpft die Bevölkerung rapide.

SCHMIDT In Europa war es bis vor kurzem auch so. Mein Vater wurde 1888 unehelich geboren, und er schämte sich deswegen sein Leben lang. Er sprach mit mir darüber das erste Mal, als ich 23 Jahre alt war. Es war im Kriege, ich brauchte eine Heiratserlaubis – und dazu einen Ariernachweis. Also habe ich meinen Vater gefragt. Ich verstand sofort, dass er sich schämte – nicht wegen seines jüdischen Vaters, sondern wegen seiner unehelichen Geburt.

LEE Soziale Einstellungen, Werte und Moralvorstellungen haben sich gewandelt und wandeln sich unaufhörlich auf der ganzen Welt.

SCHMIDT Das bringt mich dazu, Ihnen eine Frage zu stellen, die mich seit Längerem beschäftigt und die sich auf die Religion bezieht. Wie kommt es, dass die Chinesen keine gemeinsame Religion haben?

LEE Weil sie an die Gegenwart glauben und nicht an die Zukunft. Sie glauben nicht, dass sie nach dem Tod in einen Himmel oder eine Hölle kommen. Der Tod ist für sie endgültig. Deshalb lautet das konfuzianische Prinzip, sich sein Leben in der gegenwärtigen Welt so angenehm wie möglich zu gestalten. Sei ein Gentleman, kümmere dich um deine Frau und deine Kinder, sei deiner Familie treu ergeben, und sei dem Staat gegenüber loyal.

SCHMIDT Aber wie erklären Sie es sich, dass die Europäer an Himmel und Hölle glauben, dass die Hindus daran glauben, die Moslems – nur die Chinesen nicht?

LEE Weil sie keine Religion haben. Religion bringt die Menschen dazu, ein moralisches Leben zu führen, weil ihnen mit der Bestrafung in der Hölle gedroht wird. Heute glauben jedoch nicht mehr viele daran. Nur die amerikanischen Kirchen sind noch voll.

SCHMIDT Die amerikanische Religiosität ist ziemlich naiv und außerdem oberflächlich.

LEE Aber die Amerikaner sind überzeugt, dass die Europäer die ethischen Maßstäbe verloren haben.

SCHMIDT Ich glaube, das Wichtigste an der Religion ist die Ethik, alles andere …

LEE Aber die Ethik wurde durchgesetzt, indem man die Angst vor der Hölle und das Versprechen auf Belohnung im Himmel schuf.

SCHMIDT Ich persönlich komme gut ohne Religion aus, aber nicht ohne Ethik.

LEE Die Ethik ist aus der Religion entstanden.

SCHMIDT Historisch betrachtet, dürften Sie recht haben. Dennoch lebten auf dieser Erde auch vor Jesus von Nazareth schon Menschen, die eine Ethik hatten.

LEE Dazu kann ich wenig sagen, da ich mit der europäischen Geschichte der vorchristlichen Zeit nicht vertraut bin. Ich weiß nicht, was die antiken Griechen und Römer glaubten. Aber ich weiß, dass sie eine Kultur hatten, dass sie in dieser Phase der Geschichte führend in Europa waren und dass sie den Kulturen in anderen Weltteilen, einschließlich Chinas, ebenbürtig waren.

SCHMIDT Konfuzius lebte vor ungefähr zweieinhalbtausend Jahren. Wie kommt es, dass seine Lehren immer noch lebendig sind? Die chinesische Kultur ist sogar noch älter als der Konfuzianismus. Die Schriftzeichen …

LEE Die auf Knochen geschrieben wurden.

SCHMIDT Ja, auf Tierknochen – sind rund zweitausend Jahre vor Christus geschrieben worden. Wie kommt es, dass diese uralte Kultur heute vor Vitalität vibriert? Anders als die Kultur der alten Griechen und Ägypter, die Kultur der Inkas und alle anderen Kulturen, die längst untergegangen sind?

LEE Ich möchte darauf eine politisch unkorrekte Antwort geben: Weil Griechen und Römer sich im Zuge verschiedener Eroberungen durch Invasoren genetisch verändert haben, durch Einfälle der Osmanen im Osten, der Barbaren im Norden. Die Chinesen dagegen waren derart zahlreich, dass sie Eroberer absorbierten. Kublai Khan oder Dschingis Khan eroberten das Land durch schiere militärische Macht, aber ihre Horden waren klein und wurden durch die chinesische Bevölkerung und die chinesische Kultur aufgesogen. Und sie brauchten die chinesischen Mandarine, um das Land regieren zu können.

SCHMIDT Loki sagte manchmal im Scherz, Dschingis Khan sei ihr Urahn gewesen.

LEE (lacht) Was nicht unmöglich ist. Denn er reiste ja kreuz und quer durch die Welt.

MATTHIAS NASS Ich möchte das Gespräch gern wieder in die Gegenwart lenken und frage nach Pakistan. Es wird von manchen als das gefährlichste Land der Welt betrachtet; es gibt dort einen starken fundamentalistischen Einfluss, und es gibt Atomwaffen.

SCHMIDT In Pakistan leben annähernd 190 Millionen Menschen, überwiegend Moslems. Mit Afghanistan zusammen bildet es eine gefährliche Region. Auch der Iran ist eine gefährliche Region. Das am wenigsten gefährliche Land ist, soweit ich sehe, Indonesien. Aber wohin entwickelt sich Ägypten mit 70 Millionen Menschen, was wird aus den kleineren Ländern, dem Irak mit 30 Millionen, was wird aus Algerien und Marokko und Libyen?

LEE Überall geht der Trend zur saudischen Auffassung des Islams.

SCHMIDT Wir beide werden nicht lang genug leben, um die schmerzhaften Folgen dieser Ausweitung zu erfahren.

LEE Nein, es passiert bereits zu unseren Lebzeiten. Was wir nicht mehr erleben werden, ist die Reaktion. Das Pendel wird eines Tages in die Gegenrichtung ausschlagen, da bin ich sicher.

MATTHIAS NASS Sie sagten, die nukleare Abschreckung sei einer der Gründe, weshalb wir den Frieden bewahren konnten. Trifft das auch auf die islamische Welt zu, auf Pakistan und den Iran?

LEE Man bewahrt den Frieden, wenn man rational denkende, kühl rechnende Generäle und politische Führer hat. Hat man jedoch emotional reagierende Führer und Generäle, dann ist nicht ausgeschlossen, dass es zu einem Krieg kommen wird.

SCHMIDT Die Frage ist, ob das Prinzip der nuklearen Abschreckung in einer Zeit, in welcher der schiitische Iran Atomwaffen besitzen wird, noch wirksam sein kann. Denn der Iran ist dasjenige Land, das eigenen Atomwaffen am nächsten ist.

LEE Und die Israelis sind überzeugt, dass er sie gegen sie einsetzen wird. Sie haben noch keine bunkerbrechenden Bomben bekommen. Die Amerikaner haben sie. Aber sie wollen nicht, dass die iranischen Einrichtungen zerstört werden. Daher halte ich es für unvermeidlich, dass der Iran sich das Wissen über die Bombe aneignen und sie vielleicht sogar herstellen wird. Das wird die Welt zu einem gefährlicheren Ort machen.

MATTHIAS NASS Es gibt eine interessante Entwicklung: Amerika scheint von Öleinfuhren unabhängig zu werden, weil man genügend Ölvorkommen auf eigenem Territorium entdeckt hat.

LEE Schieferöl.

MATTHIAS NASS Ja. Die USA brauchen kein saudisches Öl mehr. Verliert der Nahe Osten dadurch nicht strategisch an Bedeutung?

LEE Nein.

SCHMIDT Nein. Die übrige Welt wird noch lange Erdöl brauchen.

LEE Und Amerika wird, glaube ich, nicht genug Schieferöl finden, um sämtliche Einfuhren zu ersetzen.

SCHMIDT Man kann nie wissen. Ich hatte Ende 2010 Besuch vom damaligen Präsidenten von Brasilien Lula da Silva. Er erzählte mir von Erdöl, das man im Südatlantik gefunden hatte, und dass man dabei sei, es zu fördern. Bis dahin hatte ich noch nie etwas von Ölvorkommen im Südatlantik gehört.

LEE Aber das brasilianische Öl ist nur mit großem Aufwand zu fördern und kann die weltweite Nachfrage nicht decken.

SCHMIDT Die Brasilianer waren offensichtlich stolz darauf, die notwendige Technik bereits zu besitzen; dabei können sie auf die Hilfe amerikanischer, britischer und deutscher Partner zählen. Schieferöl war übrigens schon bekannt, als ich 1950 das erste Mal die Vereinigten Staaten besuchte. Damals wurde es nicht beachtet, weil es viel zu teuer war. Heute wird es genutzt.

LEE Ebenso wie Teersand in Kanada.

SCHMIDT Ja.

LEE Aber wenn man die Produktionskosten vergleicht, ein Dollar pro Gallone für arabisches Öl gegenüber fünf bis zehn Dollar für Schieferöl und Teersand …

SCHMIDT Vielleicht wird im 22. Jahrhundert gar kein Erdöl mehr benötigt.

LEE (lacht) Nein. Ich bete dafür, dass man eine sichere Atomkrafttechnik entwickelt. Man kann heute bereits kleine Maschinen bauen und in U-Booten verwenden; sie sind sicher, und die Mannschaft ist es auch. Aber bei den großen Atomkraftwerken wurden durch Tschernobyl und jetzt Fukushima viele Fragen aufgeworfen. Ihre Kanzlerin hat die Atomkraftwerke ja abgeschaltet.

SCHMIDT Sie hat sie ein bisschen zu früh abgeschaltet. Ich neige immer noch zu der Ansicht, dass wir lernen werden, die gesamte notwendige Energie und Wärme aus dem Innern der Erde zu holen. Im kleinen Island, in Reykjavik, habe ich gesehen, dass niemand für die Heizung seiner Wohnung und für den Strom etwas bezahlen muss, weil die gesamte Wärme aus der Erde kommt. Sie graben nicht einmal danach. Die Wärme ist einfach da.

LEE   In Form von Geysiren.

SCHMIDT   Ja. Und wenn man zweitausend, dreitausend oder viertausend Meter tief gräbt, ist dies die Energiequelle des nächsten Jahrhunderts.

LEE   Ich habe gegrübelt – also mehr geträumt als gedacht –, wie man die Sonnenenergie direkt nutzen kann, statt sie nach Tausenden von Jahren in konzentrierter Form aus der Tiefe zu holen. Das einzige Mittel, unseren Energiebedarf dauerhaft zu sichern, wäre die Atomkraft. Aber Tschernobyl und Fukushima haben allen eine Heidenangst eingejagt, außer den Franzosen, glaube ich, die sie weiterhin nachdrücklich fördern.

SCHMIDT   Ich denke, dass noch jemand seine Atomprogramme weiterführt – die Chinesen.

LEE   Sie ziehen sich jetzt aber vorsichtig ins Landesinnere zurück, wo es keine Erdbeben gibt und sich weite Wüstengebiete erstrecken, in denen nur wenige Menschen leben, die von einem eventuellen Fallout betroffen sein könnten.

SCHMIDT   Das heißt, sie agieren noch vorsichtiger als bisher, geben aber das Prinzip nicht auf.

LEE   Sie können es nicht aufgeben, weil die Kohle das gesamte Land verschmutzt.

Dritte Gesprächsrunde

SCHMIDT Ich muss Sie nach Ihrem Jackett fragen. Es ist sehr schön. Wo kommt es her?

LEE Aus China.

SCHMIDT Ist es ein chinesisches Jackett?

LEE Ja. Sie können auch nach China fahren und sich eines holen.

SCHMIDT Nein, nein. Und dieser schmale rote Kragen hier oben – sehr schön! (LEE lacht.)

MATTHIAS NASS Wir wollten über die Probleme zwischen Ost und West im Allgemeinen reden, über Themen wie Entwicklung, Demokratie, Stabilität, Werte. Ich habe ein Zitat von Rudyard Kipling mitgebracht, aus der »Ballade von Ost und West«: »Oh East is East, and West is West, and never the twain shall meet« (»Ost ist Ost und West ist West, und es verbindet sie nichts, bis Himmel und Erde stillstehen«). Trifft das so noch zu?

LEE Es trifft nicht mehr zu, und zwar aufgrund der Reise- und Kommunikationsmöglichkeiten. Sie verändern den Osten allmählich, und vielleicht verändern sie im Westen die Wahrnehmung des Ostens. Denn es gibt mehr Leute als uns hier, die einander verstehen.

SCHMIDT Mir scheint, dass die Wahrnehmung des Ostens im Westen derjenigen des Westens im Osten hinterherhinkt.

LEE Ich kann dazu nichts sagen, weil ich nicht im Westen lebe, ich besuche ihn nur. Aber die Menschen, die ich kennenlerne – die zur Führungsschicht gehören –, reisen und kennen sich aus.

SCHMIDT Sofern sie reisen. Aber nicht jeder, der reist, versteht, was er sieht. Vor allem nicht jeder Außenminister! (Beide lachen.)

LEE Aber wenn man Menschen auf der anderen Seite kennt, von denen man weiß, dass sie Freunde sind, dann kann man feststellen, wie sich ihre Wahrnehmung verändert.

MATTHIAS NASS Seit Beginn der Industrialisierung ist das westliche ökonomische und politische Modell dominant. Auch Asien ist davon beeinflusst. Die Frage ist, ob der Westen für Asien auch heute noch ein Vorbild ist. Oder braucht Asien dieses Vorbild nicht mehr?

LEE Nein. Es muss sich industrialisieren, weil es zurückgeblieben war, weil es sich geweigert hatte, die Industrialisierung und Automatisierung des Westens zu übernehmen. Sie wissen, was Kaiser Qianlong zu Lord Macartney gesagt hat, dem britischen Abgesandten, der 1793 am Kaiserhof empfangen wurde: Wir brauchen diesen Tand nicht. Heute ist China bemüht, sich so schnell wie möglich alles anzueignen: Erfindungen, Techniken, die ganze Forschung und Entwicklung, die in Amerika stattfindet. Indien ebenso. Aber Indien hat eine Oberschicht, die sogenannten Brahmanen; es sind Priester und Kinder von Priestern, sehr clevere Leute. Sie machen zwei bis vier Prozent der Bevölkerung aus, sind sehr klug und verstehen die Welt. Doch das bedeutet nicht, dass sie Indien verändern. Sie lassen Indien, wie es ist. Sie können es nicht verändern. In China kommt die Veränderung voran, weil die Führung der Ansicht ist: Wir sind zurückgeblieben, wir haben an Boden verloren, weil wir den Westen ausgeschlossen haben, jetzt müssen wir aufholen.

SCHMIDT Ich denke, gegen Ende des europäischen Mittelalters, grob gesagt um das Jahr 1500 herum, war die chinesische Kultur, einschließlich der Wissenschaften, insbesondere der Naturwissenschaften, auf vielen, vielen Gebieten, zum Beispiel in der Medizin und bei der Navigation, der europäischen Kultur überlegen. Dann entwickelten die Europäer nach und nach etwas, was sie Demokratie nannten, etwas, was die Amerikaner heute Kapitalismus nennen, und etwas, was die Amerikaner neuerdings »Responsibility to Protect« nennen, das heißt Verantwortung für die Menschenrechte in anderen Staaten. Aus der Kombination dieser drei völlig verschiedenen Elemente haben die Europäer ein Ganzes gemacht, von dem sie glauben, dass es für alle passt. Die Chinesen und viele andere Völker, etwa in der arabischen Welt, aber auch die Menschen in Singapur glauben das nicht. Kapitalismus und Industrialisierung würden sie übernehmen, aber nicht Demokratie und Menschenrechte.

LEE Ich wäre in dieser Hinsicht vorsichtig. Die Inder zum Beispiel haben eine Demokratie.

SCHMIDT Ja, die Oberschicht.

LEE Nein! Das Land wird seit mehreren hundert Jahren nach demokratischen Regeln regiert. Es ist so unterschiedlich, dass jedes andere System die einzelnen Staaten voneinander getrennt hätte. Sie beweisen also, dass die Demokratie in einem östlichen Kontext funktionieren kann. Das chinesische Konzept einer prosperierenden, friedlichen Nation wiederum ist nicht auf dem Wettstreit zwischen Alternativen begründet, sondern auf dem Konsens darüber, in welche Richtung man gehen will. Deshalb ist die Diskussion in China weniger lebendig, sie findet hinter verschlossenen Türen innerhalb der Führung statt. Wir in Singapur führen das britische System mit offener Aussprache und offener Diskussion fort. Nichts wird blockiert, alles ist frei zugänglich, Internet, Facebook, Twitter. In China sind Facebook und Twitter verboten, weil die Führung versucht, den Informationsfluss zu kontrollieren, damit das Volk nicht von der Richtung abweicht, in die es gehen soll. Was meiner Meinung nach ein Fehler ist.

SCHMIDT Ich stimme Ihnen zu, würde aber noch hinzufügen, dass keine der großen Weltreligionen die Gläubigen dazu anhält, mit anderen Religionen zu konkurrieren, ein solches Gebot gibt es nirgendwo. Wohl aber gibt es Missions-Befehle. Außerdem fehlt fast überall das Bestreben, die Rechte des Einzelnen durchzusetzen, auch Menschenrechte genannt. Wir sprechen also über Dinge, die wenig mit unseren religiösen Büchern zu tun haben.

Treffen mit Zhu Rongji, Ministerpräsident der Volksrepublik China von 1998 bis 2003.

LEE Nun, weder die Chinesen noch die Japaner, noch die Koreaner glauben, dass es ihre Sache ist, anderen Völkern zu sagen, wie sie sich verändern müssen und wie sie besser regiert werden können. Das ist eure Sache, sagen sie: »Wir möchten uns mit euch in neutralen Begriffen verständigen, wir versuchen nicht, euch zu verändern. Ihr müsst uns nicht folgen, und wir müssen euch nicht folgen.« Der Westen hat dagegen diesen evangelikalen Zug, den Glauben, dass er ein System von universalem Wert besitzt, das über die ganze Welt verbreitet werden muss: Demokratie und Menschenrechte. In Indien hat man aus besonderen Gründen, die nur die Inder verstehen, die Demokratie angenommen, aber nicht die Menschenrechte; in Indien gibt es die meisten exzessiven Verletzungen der Menschenrechte. In China beginnt sich die Idee der Menschenrechte gerade erst einzunisten. Aber die Vorstellung, dass der Staat die oberste, unangreifbare Instanz ist, die nicht in Frage gestellt werden darf, beherrscht immer noch das Denken. Aber wie gesagt, die Chinesen und ihre Führer werden sich aufgrund der neuen Reise- und Kommunikationsmöglichkeiten verändern.

SCHMIDT Ich denke, das konfuzianische System, das meiner Meinung nach immer noch lebendig ist, hat einen großen Vorteil: Es kennt eigentlich keinen religiösen Aspekt.

LEE Das stimmt. Deshalb gibt es in China auch keine Religionskämpfe.

SCHMIDT Das ist ein großer Vorteil. Der missionarische Eifer ist etwas Schreckliches. Wenn man versucht, seine Wurzeln in der Bibel zu finden, wird man feststellen, dass es da wenig Greifbares gibt. Vor einem halben Jahrhundert hatte ich einen Streit mit dem Hamburger Bischof, einem Mann, den ich schätzte und der einige Autorität besaß. Er hielt es ernsthaft für seine Pflicht, Juden zu missionieren.

LEE Diese Haltung gehört eben zum westlichen Glaubenseifer: Ich habe das Licht gesehen, und ich will, dass du es auch siehst.

Positiv ausgedrückt, besteht die Motivation dieser Leute darin, dass sie glauben, die Welt besser zu machen. Andererseits kann man es auch als Arroganz auslegen, dass sie denken, sie hätten das überlegene System, das sie anderen aufzwingen wollen. Die Chinesen dagegen sagen: »Es ist nicht meine Sache, dir vorzuschreiben, wie du regiert werden willst und was du glauben sollst. Wenn ihr so regiert werden wollt, wie ihr regiert werdet, dann sei es so. Wir werden uns darauf einstellen. Lasst uns vernünftig miteinander reden, aufeinander zugehen und übereinstimmen, wo wir übereinstimmen können.«

MATTHIAS NASS Besteht ein Zusammenhang zwischen der Offenheit einer Gesellschaft und dem Stand ihrer wirtschaftlichen Entwicklung? Indien haben Sie bereits genannt. In den letzten zwanzig Jahren sind Länder wie Taiwan, Südkorea, Singapur und andere südostasiatische Staaten offener geworden, weil sie ökonomisch Erfolg hatten.

LEE Dass die Regierungsform der Inder liberaler ist, bedeutet nicht, dass sie kreativer und für neue Ideen empfänglicher sind, die Hindus sind ein sehr konservatives Volk. Die Japaner wiederum erwiesen sich als besonders lernfähig. Als Admiral Perry 1852 mit den Schwarzen Schiffen bei ihnen auftauchte, begriffen sie sofort, dass sie hoffnungslos ins Hintertreffen geraten würden, wenn sie nicht auch über diese Waffen verfügten. Also schickten sie Delegationen in alle Welt, die sich sachkundig machen sollten, wie man das Land militarisieren und industrialisieren konnte. Sie kopierten die deutsche Armee …

SCHMIDT Sie haben auch die deutsche Universität kopiert.

LEE Ja, und die britische Marine, die amerikanische Forschung – eine sehr gemischte Diät. Diese gewaltige Anstrengung verschaffte ihnen ein Jahrhundert Vorsprung vor China. Die Chinesen betrachteten es aufgrund ihrer Größe als unnötig, und dafür bezahlten sie einen hohen Preis. 1895 besiegten die Japaner die Chinesen, nahmen Qingdao und die Mandschurei ein und zerstörten ihre Marine; etwas später fiel Qingdao dann an Deutschland.

SCHMIDT Ich will daran erinnern, dass man vor vierzig Jahren überall auf der Welt von den »vier kleinen Tigern« sprach. Einer war Südkorea, das damals eine Militärdiktatur war, der zweite Hongkong, damals eine Art Demokratie, der dritte Taiwan, damals eine politische Diktatur – ich glaube, Chiang Kai-shek lebte noch –, und der vierte war Singapur unter Harry Lee. Es waren also drei unterschiedliche Regierungsformen, die sich der modernen Industrialisierung öffneten. Das heißt, dass die Regierungsform offenbar kein Hindernis für die Industrialisierung darstellt.

LEE Nein, dem kann ich nicht zustimmen. Ich denke, nachdem Japan gezeigt hatte, wie überlegen es durch die Industrialisierung und die Nachahmung der westlichen Methoden geworden war, nahm das übrige Asien davon Kenntnis, und dann schloss sich ein Staat nach dem anderen dieser Entwicklung an, China ganz zuletzt. Weil es nicht industrialisiert war, musste man durch Verträge mit den Kolonialmächten Häfen öffnen, in Shanghai, Tianjin, Ningbo und andernorts. Den Chinesen dämmerte, dass sie ohne Industrialisierung am Ende wären. Die heutige chinesische Führung ist fest davon überzeugt, dass das Land aufholen muss, und zwar so schnell wie möglich.

SCHMIDT In gewisser Weise machen die Chinesen heute das Gleiche wie die Japaner vor über hundert Jahren, nach der sogenannten Meiji-Restauration. Damals kopierten die Japaner rücksichtslos alles, was sich kopieren ließ, stellten es her und verkauften es in den Westen. Mit großen Auswirkungen: Nach nur fünfzig Jahren trat Japan als nahezu gleichgestellte Macht in den Ersten Weltkrieg ein. Eine erstaunliche Entwicklung! Das Land hatte in der Mitte des 19. Jahrhunderts ebenso weit zurückgelegen wie China in den 1990er Jahren.

LEE Und heute stehen sie vor dem Problem des Bevölkerungs-
schwunds.

SCHMIDT Trotzdem wächst die Weltbevölkerung weiter explo-
sionsartig.

LEE Ja, der Teil der Weltbevölkerung, der weder das Wissen noch
die Fähigkeiten besitzt …

SCHMIDT Was für eine schreckliche Vorstellung, eine Welt mit
neun Milliarden Intellektuellen! (Beide lachen.)

LEE Im Übrigen ist Ihre Vorstellung, Japan sei eine lupenreine Demokratie, nicht ganz richtig. Japan hat noch immer das Samu-
raisystem: Die Fraktionen im Parlament werden von Samurais
geführt.

SCHMIDT Von Samurais?

LEE Richtig.

SCHMIDT Jetzt habe ich Zweifel, dass Sie recht haben. Die Japaner
würden Ihre Aussage sicher nicht akzeptieren.

LEE Es ist doch ein eigentümliches Demokratieverständnis, dass
das Mandat, das der Vater innehat, innerhalb der Familie ver-
erbt wird. Die Menschen wählen also die Familie.

SCHMIDT Und wenn der Vater, bevor er den Parlamentssitz erhielt,
ein hochrangiger Beamter zum Beispiel im Finanzministerium
war, arbeitet sein Sohn ebenfalls im Finanzministerium.

LEE Doch dieses System wird heute in Frage gestellt, und es wird
zweifellos eine Transformation durchmachen. Auch das japanische Volk hat seinen Horizont erweitert; die Japaner können
heute nach Amerika und Europa reisen, und sie glauben nicht
mehr, dass ihr System gerecht ist. In den Augen der Mehrheit ist
es ein System, das den Zweck hat, die Herrschaft der Elite aufrechtzuerhalten.

MATTHIAS NASS In Taiwan gibt es heute eine Demokratie. Kann
man daraus schließen, dass in China die Demokratie grundsätzlich möglich ist, dass sie nicht im Widerspruch zur chinesischen Tradition steht?

LEE In gewisser Weise, ja. Das taiwanesische Fernsehen wird auch auf dem Festland gesehen; die Menschen gewinnen so den Eindruck, sie besäßen Macht über ihre Führung und könnten die Politik in ihrem Sinn verändern. Aber die Führung in Peking will diese Veränderung nicht, also wird sie unterdrückt. Wie lange sie sich unterdrücken lässt, weiß ich nicht. Aber ich glaube, dass die Veränderung, wenn sie denn kommt, keine Nachahmung Taiwans sein wird. Erstens ist das Land zu groß: Man kann nicht einen Mann landesweit als Kandidaten zur Wahl stellen, 1,3 Milliarden Menschen können nicht für einen Präsidenten stimmen, so wie es die Amerikaner können. Zweitens gibt es keine entsprechende Tradition. Nach der Tradition ist das Zentrum stark und mächtig, und das Land prosperiert. Sie besagt nicht, dass das Zentrum mich aufgrund meiner geheim abgegebenen Stimme repräsentiert und das Land deshalb prosperiert.

SCHMIDT Ich war mehrmals in Taiwan und erinnere mich besonders an einen Besuch ein oder zwei Jahre vor der Abschaffung der Diktatur in der Tradition Chiang Kai-sheks. Der damalige Oppositionsführer äußerte sich antichinesisch. Sein Nachfolger wurde dann der erste demokratische Präsident, aber auch er äußerte sich antichinesisch. Ich war eingeladen, eine Rede zu halten. Als Privatmann ohne Amt sagte ich offen meine Meinung und erklärte den Zuhörern: Sie werden ein Teil Chinas werden. Es mag zwanzig oder fünfzig oder hundert Jahre dauern, aber Sie werden mit China vereinigt werden, mit zwei unterschiedlichen Systemen zwar, aber in einem Land. Es gab einen allgemeinen Aufschrei der Empörung! Alle waren dagegen. Das ist jetzt mehr als zwanzig Jahre her.

LEE Die Bevölkerung im Norden besteht aus Menschen, die auf der Flucht vor den Kommunisten vom Festland gekommen sind und an die Wiedervereinigung glauben. Der Süden ist seit über zweihundert Jahren nicht mehr von China regiert worden, seit

den Portugiesen. Die Menschen dort wollen nichts mit China
zu tun haben.

SCHMIDT Was ich bei meinen Besuchen am meisten bedauert
habe, war die Tatsache, dass Chiang Kai-shek diese einmaligen
Kunstschätze vom Festland mitgenommen und in sein Palastmuseum in Taipeh gebracht hat. Es ist für mich das aufre-
gendste Museum der Welt.

LEE Hätte er es nicht getan, wären sie im Chaos des Bürgerkriegs
geplündert worden und verlorengegangen. Und wären später
bei Sotheby's versteigert und in alle Welt verkauft worden.

SCHMIDT Das hätte passieren können. Meine Frage lautet, ob sie
eines Tages zurückkehren werden.

LEE Eines Tages, ja. Denn Amerika wird nicht auf ewig in der Lage
sein, Taiwan zu verteidigen. Was die Wiedervereinigung verhindert, ist die amerikanische Macht. Und diese Macht wird in dem
Maße abnehmen, in dem China asymmetrische Waffen entwickelt, um die Siebte Flotte der US Navy auf Abstand zu halten.

SCHMIDT Nebenbei, Harry, möchte ich auch das Museum in Seoul
in Korea erwähnen. Es ist ein großartiges Museum, ebenfalls ein
Nationalmuseum. Es ist nicht so reich wie das Palastmuseum in
Taipeh, aber es ist einen Besuch wert. Kennen Sie es?

LEE Ich bin dort gewesen. Korea gehörte über tausend Jahre zur
chinesischen Kultur und wurde von China regiert. Deshalb waren Kunst und Handwerk Teil der chinesischen Überlieferung,
aber mit Besonderheiten, die in Korea selbst entwickelt wurden.

SCHMIDT Kennen Sie etwas Ähnliches in Nordkorea?

LEE Ich war nie in Nordkorea. Aber ich glaube, es hat sich seit 1945,
seit der Teilung der Halbinsel, zurückentwickelt.

SCHMIDT Wie lange kann es sich noch halten?

LEE Nach meiner Ansicht auf unabsehbare Zeit, denn China will es
als Puffer gegen die Amerikaner behalten, um diese davon ab-
zuhalten, mit den Südkoreanern zum Grenzfluss Yalu vorzustoßen.

SCHMIDT Obwohl der Druck der Amerikaner auf Nordkorea nachlässt.

LEE Trotzdem werden die Chinesen kein Risiko eingehen. Wenn die Vereinigung vom Norden ausgeht und dieser anschließend den Süden dominiert, werden sie zustimmen. Dominiert nach der Vereinigung der Süden, werden sie die Vereinigung ablehnen.

SCHMIDT In den frühen neunziger Jahren habe ich einmal in Paris eine Tagung mit rund zwanzig Teilnehmern geleitet. Mein Gegenüber war der frühere südkoreanische Ministerpräsident Shin Hyun-hwak. Mit einer Reihe koreanischer und deutscher Ökonomen haben wir die wirtschaftliche und soziale Lage in unseren beiden Ländern verglichen. Als die Koreaner nach zwei Tagen abreisten und ich den Bericht las, den sie für ihre Regierung geschrieben hatten, stand da: Vorsicht! Es ist zu kostspielig!

LEE Es wäre in der Tat kostspielig, denn die Entwicklung im Norden wurde aufgehalten. Er steht bei der Bildung schlecht da, er steht wirtschaftlich schlecht da. Er hinkt dem Süden in jeder Hinsicht hinterher, außer beim Militär. Deshalb glaube ich nicht, dass es den Süden besonders drängt, sich zu vereinigen.

SCHMIDT Und würden Sie sagen, dass das Militär das Land beherrscht, und nicht dieser 29-jährige junge Mann, der die Thronfolge angetreten hat?

LEE Ich denke, die Generäle lenken den jungen Mann.

SCHMIDT Das denke ich auch.

LEE Er ist nur ein passender Repräsentant, den sie als Galionsfigur vorschieben, um die Verbindung zur Vergangenheit zu betonen, während sie die Hebel in der Hand halten.

MATTHIAS NASS Wir haben über den Einfluss des Westens auf Asien gesprochen. Was kann der Westen von Asien lernen?

SCHMIDT Nach meiner Ansicht kann der Westen mehrere Dinge von Asien lernen, zumindest hat er die Chance zu lernen, wenn er denn lernen will. Bis jetzt will er nicht wirklich etwas lernen.

Aber was er lernen sollte, ist zum Beispiel Geduld. Geduld, die sich in einer langfristigen Perspektive auf die Zukunft äußert. Langfristig nicht nur auf dem Gebiet der Industriekultur, sondern auch auf dem der Militärkultur, der Rechtskultur und so weiter. Man muss nicht alles in vier Jahren tun. Die westliche Demokratie bringt für gewöhnlich Politiker hervor, die versprechen, in den nächsten vier Jahren den Himmel auf Erden zu schaffen. Natürlich können sie ihr Versprechen nicht halten. Dann werden sie beiseitegedrängt, und jemand anderes wird gewählt. Manchmal dauert es länger als vier Jahre, es können auch acht Jahre werden. In Deutschland gab es zwei Ausnahmen: zuerst Adenauer und dann Kohl. Aber in beiden Fällen gab es außergewöhnliche Umstände und Schwierigkeiten, unter denen die Deutschen litten. In der Regel regiert niemand länger als acht Jahre.

LEE Schon aufgrund des Fernsehens sind es die Wähler leid, immer dieselben Gesichter auf dem Bildschirm zu sehen und immer dieselben Stimmen zu hören. Das ist ein Phänomen, das mir aufgefallen ist, und wir achten darauf, es hier nicht so weit kommen zu lassen. Deshalb nutzen wir die Medien sehr wenig.

SCHMIDT Seit wann praktizieren Sie dies?

LEE Oh, ich bin bereits aus dem Amt geschieden. Ich nutze die Medien überhaupt nicht mehr!

SCHMIDT In dieser Hinsicht unterscheiden wir uns. Aber ich achte darauf, sie nicht übermäßig zu nutzen.

LEE Ich denke, je öfter die Menschen eine Person in den Medien sehen und je häufiger immer dieselbe Stimme die immer gleichen Dinge sagt, desto mehr werden sie ihrer überdrüssig.

SCHMIDT Ja, daran ist viel Wahres. Aber ich frage mich, ob es die ganze Wahrheit ist.

LEE Deshalb bewundere ich de Gaulle. Er erschien selten im Fernsehen. Aber wenn er erschien, hatte er eine Botschaft, und als die Menschen die Botschaft ablehnten, trat er zurück.

(SCHMIDT zündet sich eine Zigarette an und macht sie wieder aus.)

SCHMIDT Entschuldigung, ich war abwesend und habe mir eine Zigarette angezündet. Weil ich Ihre Tabakallergie kenne, habe ich in den letzten beiden Tagen nicht geraucht, und ich werde auch am dritten Tag nicht rauchen.

LEE Haben Sie vielen Dank.

SCHMIDT Aber ich bin ein starker Raucher. Wenn ich arbeite, rauche ich 40 Zigaretten am Tag.

LEE Sie Glücklicher. Viele, die 40 Zigaretten am Tag rauchen, bekommen ein Emphysem und können nicht mehr genug Luft in die Lunge saugen.

SCHMIDT Loki hat ihr Leben lang geraucht, seit sie zwölf war. Sie starb mit 91 Jahren, und nicht an einem Emphysem!

LEE (lacht) Sie hatte eine ganz besondere Lunge.

SCHMIDT Ja, weil Dschingis Khan ihr Urgroßvater war – könnte doch sein! (Beide lachen.) Haben die Mongolen überhaupt geraucht?

LEE Ja, natürlich. Und heute sind die Chinesen die stärksten Raucher der Welt.

SCHMIDT Ich war mit einem Mann aus Hamburg befreundet, der nach Kriegsende nichts besaß außer vielen Konstruktionszeichnungen für Maschinen. Er gründete eine Firma namens Hauni. Sie produziert heute Zigarettenmaschinen, die pro Minute rund 17 000 Zigaretten herstellen. Hauni hatte auch Maschinen nach China verkauft, und natürlich haben die Chinesen sie kopiert. Ich habe die Fabrik gesehen. Aber sie waren immer noch bei 14 000, so dass die deutsche Firma noch zwanzig oder fündundzwanzig Jahre weiterbestehen wird.

LEE Man kann wirklich nicht sagen, dass die Chinesen große Erfinder sind, das liegt nicht im Wesen ihrer Kultur. Früher einmal hatten sie die Astronomie, die Navigation, aber all das haben sie verloren. Heute versuchen sie aufzuholen. Aber ihre Kultur steht ihnen dabei im Weg. Das ist anders als bei den Japanern,

*Wen Jiabao, seit 2003 Nachfolger Zhu Rongjis im Amt des Ministerpräsidenten,
trifft Helmut Schmidt auf der Hannover-Messe 2012.*

die können sich schnell umorientieren. Bei den Chinesen geht es nur langsam.

SCHMIDT Die Chinesen sind ein sehr geduldiges Volk.

LEE Das müssen sie sein.

SCHMIDT Ich frage mich, ob sie es sein müssen. Tatsächlich sind sie es über Hunderte von Jahren hinweg gewesen.

LEE Sie hatten keine Wahl! Sie waren schwach, gefangen, ihre wichtigsten Häfen und das Kapital befanden sich in den Händen ausländischer Mächte, das Land wurde ständig schwächer. Die Mandschus, die letzten Qing-Kaiser, waren untätig und unbeweglich.

SCHMIDT Was mich verwundert ist, dass die Qing- oder Mandschu-Dynastie und davor die mongolische Yuan-Dynastie China eroberten, den Thron eroberten und sich als Kaiser einsetzten, aber den Einfluss des Konfuzianismus bestehen ließen.

LEE Nun, weil sie eine Minderheit waren, eine Militärmacht, die eine Mehrheit unterworfen hatte. Aber um ein Land von dieser Größe zu regieren, mussten sie das chinesische System übernehmen, das Mandarinentum, die Gelehrten, denen die Leitung des Landes anvertraut wurde. So wurden sie von der Kultur des Landes absorbiert und letzten Endes zu Chinesen. Sie heirateten Chinesinnen und wurden Chinesen. Weil sie in der Minderheit waren, setzten sich die chinesischen Anteile stärker durch als die mandschurischen oder mongolischen.

SCHMIDT Ein Grund dafür, dass es an technischem Erfindergeist mangelte, könnte gewesen sein, dass das Mandarinensystem nach konfuzianischen Regeln aufgebaut war und dass der Gegenstand der Prüfungen, die man ablegen musste, die Literatur war und nicht naturwissenschaftliche und technische Kenntnisse.

LEE Nein, denn die Literatur umfasste auch Themen wie die Landwirtschaft, damals der Hauptwirtschaftszweig Chinas. Ich habe das System in Singapur bekämpft, nicht wegen seines Inhalts, sondern weil jemand, der Prüfungsfragen richtig beantworten kann, nicht unbedingt auch fähig ist, das Land zu verwalten. Dafür braucht man andere Fähigkeiten. Und man muss einen Draht zum Volk haben.

SCHMIDT Die Mandarine hatten ihn sicher nicht.

LEE Das war ein großer Nachteil. Sie wurden weltfremd. Das Symbol des Mandarins ist die an zwei Stangen hängende Sänfte, die von vier Trägern, jeweils zwei vorn und hinten, getragen wird, während der Insasse durch Vorhänge völlig verdeckt ist. Er sieht die Welt, aber die Welt kann ihn nicht sehen. Das war ein fataler Mangel dieses Systems.

SCHMIDT Aber es hat Hunderte von Jahren funktioniert.

LEE Weil das Volk in Gleichgültigkeit und Furcht gehalten wurde. Heute ist das nicht mehr möglich.

SCHMIDT Ich möchte Sie nach Li-Tai-Po fragen. Wann lebte er?

LEE Wer?

SCHMIDT Li-Tai-Po, ein chinesischer Dichter.

LEE Oh, in China kennt man ihn als Li Bai. Das ist mehr als tausend Jahre her.

SCHMIDT Bei deutschen Dichtern steht er übrigens immer noch in hohem Ansehen. Die Deutschen wissen nicht viel von Konfuzius und Menzius, aber sie lieben Laotse und auch Li-Tai-Po.

LEE Gibt es deutsche Sinologen, die die chinesischen Originale lesen?

SCHMIDT Ja.

LEE Erstaunlich! Wie kommen sie dazu, ihr Leben als Fachleute für chinesische Literatur verbringen zu wollen?

SCHMIDT Aus Wissenschafts- und Forschungsleidenschaft – und weil sie ihren Lebensunterhalt als Angehörige einer Universität verdienen können.

LEE Oh.

MATTHIAS NASS Das scheint Sie zu verwundern. Gibt es denn

keine asiatischen Gelehrten, die antike griechische und lateinische Texte studieren?

LEE   Nur sehr wenige. Sie studieren eher das moderne Großbritannien, das moderne Amerika und das moderne Europa.

MATTHIAS NASS   Können wir noch einmal auf die »asiatischen Werte« zurückkommen? Gibt es etwas, das man im Westen davon lernen kann?

SCHMIDT   Meine erste Antwort war gewesen: Geduld. Meine zweite Antwort ist den Europäern gegenüber nicht sehr freundlich: Seid nicht zu religiös.

LEE   Ich würde die Frage umformulieren und fragen, ob der Westen etwas Nützliches vom Osten übernehmen kann. Wenn ich ein Bewohner des Westens wäre, und in gewisser Weise bin ich es zur Hälfte, würde ich sagen: das konfuzianische Verständnis von Beziehungen, also von Familie, Mann und Frau, Eltern und Kindern, Geschwistern und Freunden, und der Treue zum Herrscher. Dies bildet die Grundlage einer friedlichen Gesellschaft. Wenn man stabile Familien hat, hat man Frieden und Stabilität. Leider müssen wir in Singapur eine gegenläufige Entwicklung feststellen. Wir haben viele Scheidungen. Aufgrund des westlichen Einflusses löst sich die Vorstellung, dass die Familie um jeden Preis zusammengehalten werden muss, langsam auf.

SCHMIDT   Sie haben das gleiche Problem wie wir, nur dass es in Singapur fünfzig Jahre später auftritt. Das ist aber nichts, was aus dem Westen zu Ihnen kommt. Vieles andere, was aus dem Westen kommt, ist allerdings wirklich zu Ihrem Nachteil.

LEE   Es ist der westliche Lebensstil, der für Frauen attraktiv ist, die sich befreit fühlen und ihr Leben genießen, ihren Lebensunterhalt selbst verdienen und nicht heiraten müssen, wenn sie nicht wollen. Da es immer noch als inakzeptabel gilt, uneheliche Kinder zu haben, ist die Folge ein besorgniserregender Bevölkerungsschwund. Darüber haben wir ja schon gesprochen.

SCHMIDT Dann wechsle ich jetzt das Thema und frage Sie, warum die Russen aus Deng Xiaopings Erfolg nichts gelernt haben.

LEE Weil sie zu stolz sind.

SCHMIDT Zu stolz?

LEE Sie müssen von niemandem lernen. Sie sind einzigartig, sie sind etwas Besonderes.

SCHMIDT Diese Antwort genügt mir nicht.

LEE Schon gar nicht würden die Russen bei den Chinesen in die Schule gehen, denn sie betrachten sich als den Chinesen überlegen. Sie lernen gern von den Deutschen, weil sie deutsche Maschinen und die deutsche Präzision bewundern. Ihnen ist Europa wegen Deutschland wichtig. Ich habe mit führenden Politikern in Russland gesprochen, und sie bestätigten mir, dass sie an Europa interessiert sind, weil sie an Deutschland interessiert sind.

SCHMIDT Waren dies Gespräche mit heutigen Politikern oder Gespräche in der Zeit von Breschnew und Gorbatschow?

LEE Ich habe Gorbatschow nur einmal getroffen. Deshalb kann ich nicht sagen, welche Ansichten er hatte, aber ich halte ihn für eine Übergangsfigur.

SCHMIDT Gleichzeitig war er eine tragische Figur.

LEE Und Breschnew, glaube ich, war kein tiefschürfender Denker.

MATTHIAS NASS Der größte Streitpunkt zwischen West und Ost sind vermutlich die Menschenrechte. Die Universalität der Menschenrechte wird in Frage gestellt. Welche Menschenrechte sind universal und welche nicht?

LEE Das Recht des Einzelnen, sein Leben zu gestalten, wie er es will, das Recht des Einzelnen auf Sicherheit für sich und seine Familie, das Recht des Einzelnen auf Arbeit, Bildung, medizinische Versorgung und Schulen – das, denke ich, würden die Chinesen akzeptieren. Aber das Recht des Bürgers, vor ein Gericht gestellt zu werden, bevor man ihn verurteilt und wegsperrt, ist ein Recht, das sie nicht begreifen. Sie entschei-

den, ob man eine Gefahr darstellt, und dann sperren sie einen
ein.

MATTHIAS NASS Was ist mit der Versammlungs-, Rede- und Reli-
gionsfreiheit?

LEE Die Versammlungsfreiheit ist in China stark eingeschränkt.

MATTHIAS NASS Aber die Chinesen selbst fordern dieses und andere Rechte ein. Als ich 1989 während der Demonstrationen auf
dem Platz des Himmlischen Friedens in China war, errichteten
sie gerade eine »Göttin der Demokratie«, die eine Nachbildung
der Freiheitsstatue in New York war. Es waren Chinesen, die
diese Figur aufstellten.

LEE Ja, idealistische junge Leute! Man hat ihnen, bildlich gesprochen, den Kopf abgerissen, und sie endeten schließlich in Amerika. In den Augen der großen Mehrheit war es ein Zwischenfall.

SCHMIDT Ich würde sogar als alter Kerl noch Leute mit den Fäus-
ten bekämpfen, die die Rechte des Einzelnen beseitigen wollen!
Aber ich würde es strikt unterlassen, mich in einem anderen
Land einzumischen, um die Rechte seiner Bewohner zu verteidigen. Ich bin tief besorgt, muss ich sagen, über das neue
Schlagwort, das in den Diskussionen der Vereinten Nationen
gegenwärtig eine Rolle spielt, das Schlagwort von der »Responsibility to Protect«, der »Schutzverantwortung«. Ich halte dieses
Schlagwort für falsch.

LEE Wie man in Libyen sieht, bekommt man es, wenn man einen
Diktator mit Luftangriffen erledigt, mit vielen kleinen Militär-
führern zu tun, von denen jeder zum Diktator wird.

SCHMIDT Oder mit der Moslembruderschaft.

MATTHIAS NASS Gibt es Fälle, in denen Sie sagen würden, dass die
Schutzverantwortung die richtige Antwort wäre? Beispielsweise
im Fall der Roten Khmer in Kambodscha oder beim Völker-
mord in Ruanda?

LEE Ich glaube, international ist der Genozid heute geächtet. Wenn
Menschen getötet werden, nicht als Individuen, sondern als An-

gehörige einer Rasse, und das Ziel ist, dass diese Rasse dezimiert werden soll, dann hat man das Recht einzugreifen. Insbesondere, wenn eine große Nation eine kleinere dezimiert, wie im Fall der Hutu und Tutsi. Andernfalls hätte man überall auf der Welt Gesetzlosigkeit.

SCHMIDT Ich überlege, wo die Grenze verläuft. Wann soll man intervenieren, um jemandem zu helfen, der von seiner Regierung oder Kräften im Nachbarland bedroht wird? Wie soll man die Grenze festlegen, an der man moralisch gezwungen ist, jemanden daran zu hindern, massenweise Menschen umzubringen? Es besteht die Gefahr, dass die »Schutzverantwortung« keine Grenze akzeptiert. Der Westen hatte sicherlich gute Gründe, das Volk in Ruanda und Burundi zu schützen, aber es war zu schwierig, deshalb haben wir es unterlassen. Wir hatten möglicherweise eine moralische Pflicht gegenüber dem Volk von Tschetschenien, aber wir haben nichts getan. Wir standen möglicherweise im Fall des Tiananmen-Platzes in der Pflicht, aber wir haben nichts getan. Eingegriffen wurde in Fällen, in denen es leicht war oder propagandistisch von Vorteil.

LEE Es muss praktikabel sein. Man hätte auf dem Tiananmen-Platz nicht eingreifen können, weil man eine sehr große Macht herausgefordert hätte. Was Ruanda und Burundi angeht, denke ich, dass die Amerikaner es heute bedauern, nicht interveniert zu haben. '

SCHMIDT Bedauern Sie, Harry, dass wir nicht interveniert haben?

LEE Wenn Sie mich fragen, ob ich Truppen entsandt hätte, um die Hutu zu stoppen, würde ich sagen: nein. Auch nicht mit einem blauen Barett als Teil eines Kontingents der Vereinten Nationen. Wenn Sie mich aber fragen, ob ich denke, dass das, was dort getan wurde, falsch war, dann würde ich sagen: ja, es war falsch. Denn es wurden Menschen getötet, nicht weil sie Verbrechen begangen haben, sondern weil sie einer anderen Rasse angehörten.

SCHMIDT Ich denke, dass Sie sich der Ambivalenz Ihrer Antwort bewusst sind. Ich frage mich, ob das alte Völkerrecht, wie es nach dem Dreißigjährigen Krieg in der Mitte des 17. Jahrhunderts eingeführt und später in den Haager und Genfer Konventionen fortgeschrieben wurde, solider und leichter zu befolgen war. Dort war festgelegt, wie man Kriege führen darf und wie nicht; es wurde allerdings nicht wirklich eingehalten.

LEE   Weil es keine überlegene Kraft gab, die die Regeln durchsetzte. Im Prinzip sind es ja grundlegende humane Regeln, die eingehalten werden sollten.

SCHMIDT   Könnte der Sicherheitsrat der Vereinten Nationen jemals diese Autorität erlangen?

LEE   Die fünf Mächte müssten sich einig sein, aber eine von ihnen wird immer ihr Veto einlegen. Am ehesten China, weil es auch nicht will, dass das Ausland sich in China einmischt. Der nächste Einspruch käme von Russland. Angenommen, die Vereinten Nationen würden den Sicherheitsrat auf 25 Mitglieder erweitern, von denen nur fünf ein Vetorecht besäßen, aber die Mehrheit Beschlüsse fassen könnte, dann freilich hätte man die moralische Autorität, Vetos zu ignorieren.

SCHMIDT   Wenn man den Sicherheitsrat auf 25 Mitglieder vergrößern würde, würde das sicherlich nicht dazu führen, dass souveräne Nationen die Entscheidungen des Rats in jedem Fall befolgen.

LEE   Richtig. Aber bei bestimmten ungeheuerlichen Vorgängen dürften sich alle zumindest moralisch einig sein. Hätte es die Vereinten Nationen schon gegeben, als Hitler die Juden ermordete, nur weil sie Juden waren, und sechs Millionen von ihnen in die Gaskammern schickte – dann wäre es zu einer Verurteilung gekommen. Ob man angesichts einer mächtigen deutschen Naziwehrmacht interveniert hätte, steht auf einem anderen Blatt. Damals wurde es von der Weltöffentlichkeit toleriert. Briten, Franzosen und andere wussten, dass es moralisch falsch war, aber sie griffen wegen der militärischen Macht der Nazis nicht ein.

SCHMIDT Der Beschluss zum Genozid an den Juden erfolgte 1941, und damals war man längst schon im Krieg gegen Deutschland.

LEE Es gibt ein Recht der Völker, wie klein und wie schwach sie auch sein mögen, in Ruhe gelassen zu werden, so dass sie ihr eigenes Leben führen können. Man muss ihnen nicht helfen, wenn sie von einer Hungersnot heimgesucht werden und sterben und man nicht die Barmherzigkeit besitzt, ihnen zu helfen. Das ist kein Verbrechen. Aber sich einzumischen ist, denke ich, moralisch falsch.

SCHMIDT Die fünf ständigen Mitglieder des Sicherheitsrates sind nicht zufällig die ersten fünf Staaten, die Atomwaffen besaßen. Wenn man den Rat auf 25 Mitglieder erweitert …

LEE Den Sicherheitsrat mit seinen fünf ständigen Mitgliedern richteten die Sieger des letzten Weltkriegs mit der Absicht ein, als Wächter zu fungieren. Doch dann stellte sich heraus, dass die Russen nicht mitspielen, und heute sind es die Chinesen. Der Rat ist also nur funktionsfähig, wenn Chinesen und Russen ihr Vetorecht nicht ausüben. Aber die Chinesen reagieren empfindlich auf moralischen Druck von außen. Also enthielten sie sich im Fall Libyens und legten kein Veto ein. Außerdem fürchten sie eine Einmischung in chinesische Angelegenheiten.

SCHMIDT Und diese Furcht wird noch geraume Zeit anhalten. Andererseits habe ich den Eindruck gewonnen, dass sie ihre starre Haltung in gewisser Weise gelockert haben. – Wenn man über die Vereinten Nationen spricht, muss man auch über andere globale Organisationen sprechen, über den IMF, die G20 und andere Institutionen dieser Art. Sind Sie zufrieden mit der Rolle des Internationalen Währungsfonds?

LEE Er ist stark auf Amerika und Europa ausgerichtet, und ich denke, es ist nur eine Frage der Zeit, bis die Chinesen mit ihren

Billionen von Dollar ein gehöriges Wort mitreden werden. Sie werden sich von diesem Geld nicht trennen, wenn sie nicht einen Sitz in den Entscheidungsgremien erhalten. Und man wird sie in diesen Gremien brauchen.

SCHMIDT Sicher. Aber davon abgesehen, kann man mit der Arbeit des Fonds zufrieden sein?

LEE Auch die Inder werden beteiligt sein wollen.

SCHMIDT Ja, auch die Brasilianer, die Nigerianer, die Südafrikaner – eine ganze Reihe von Ländern. Es sollte mehr Gleichheit herrschen, Amerika hat zu viele Stimmen. Aber ich nehme an, das wird sich in den nächsten zehn Jahren ändern. Was den IMF angeht, bin ich nicht pessimistisch. Aber in Bezug auf die G20 bin ich sehr pessimistisch.

LEE Immerhin hat die G20 die Macht der G2 aufgeweicht. Die Alternative zu G20 ist ja nicht G7, sondern G2 – China und Amerika allein.

SCHMIDT Das würden die Russen nicht hinnehmen.

LEE Die G20 ist für sie akzeptabler als die G2.

SCHMIDT Ja. Ende 2008 nach dem Zusammenbruch von Lehman Brothers war die G20 notwendig und handelte ziemlich umsichtig. Seit Frühjahr 2009 treffen sie zwar regelmäßig zusammen, aber es ist bisher nicht viel dabei rausgekommen.

LEE Wenn die Notwendigkeit besteht, wird man die Institution wiederbeleben. Es ist ein Präzedenzfall geschaffen worden für später, wenn man ein schwieriges Problem lösen muss, ohne zu viele Nationen beteiligen zu wollen, was zu Handlungsunfähigkeit führen würde. Die G20 ist akzeptiert und wird es bleiben.

SCHMIDT Die gegenwärtige Weltwirtschaftskrise ging zum Erstaunen der Politiker beziehungsweise der politischen Führungen 2009/10 nicht zu Ende. Stattdessen erleben wir jetzt eine Schuldenkrise in Europa; in Amerika gibt es eine hohe Arbeitslosigkeit und einen Abschwung der Konjunktur, ebenso in Großbritannien. Es sieht nach einer Wiederholung der Großen

Depression aus. Die Ursachen liegen etwas anders, aber genau wie die Wirtschaftskrise der 1930er Jahre ist auch die gegenwärtige Krise durch Massenarbeitslosigkeit und insbesondere massive Jugendarbeitslosigkeit gekennzeichnet.

LEE Wir haben es mit einer weltweiten Arbeitslosigkeit zu tun, mit einer Stockung des Flusses von Waren und Dienstleistungen rund um die Welt. Im Vergleich mit dem, was in den 1930er Jahren geschah, ist es jedoch nur ein schwaches Echo. Ich war damals ein kleiner Junge, und meine Großväter – beide reiche Männer, der eine in der Schifffahrt, der andere im Gummigeschäft – haben beide Bankrott gemacht.

SCHMIDT Haben Sie einen Rat für die gegenwärtige Situation?

LEE Um einen Rat geben zu können, muss man das Ausmaß und die Einzelheiten des Problems kennen. Dann muss man wissen, was machbar ist, welche Maßnahmen mit Zustimmung der Großmächte voraussichtlich umgesetzt werden können. Ich bin nicht in der Lage, dies zu sagen.

SCHMIDT Ich nehme an, dass gegenwärtig niemand auf der Welt in der Lage ist, eine Antwort zu geben. Und das meine ich wörtlich: niemand auf der Welt.

LEE Weil man sich nicht zusammengetan hat, weil man nicht die Köpfe zusammengesteckt hat wie damals in Bretton Woods, gegen Ende des Zweiten Weltkriegs. Damals hat man die Lage analysiert und eine Einrichtung geschaffen, die sie zu überwinden half. Es funktionierte lange Zeit gut. Keynes war dort, und man hatte noch andere kluge Leute versammelt, die mit der Autorität ihrer Persönlichkeit auftraten.

SCHMIDT Ja, das von Keynes und anderen geschaffene Bretton-Woods-System hielt von 1944 bis 1972. Bei genauerem Hinsehen stellt man allerdings fest, dass es nur bis 1968 Bestand hatte; denn in diesem Jahr stellten die USA die Auszahlung in Gold ein, zu der sie nach dem Abkommen von Bretton Woods verpflichtet waren.

LEE 1972 durchschnitt Nixon endgültig den Konnex zwischen Dollar und Gold und gab der Regierung damit das Recht, Dollar zu drucken. So hat Amerika das System dominiert.

SCHMIDT Ja, es hat die Welt dominiert. Ich erinnere mich an einen amerikanischen Finanzminister, der 1972 sagte: Der Dollar ist unsere Währung, aber Gott sei Dank euer Problem! (LEE lacht.) Wir anderen, Fukuda, Giscard d'Estaing, ich selbst und wer sonst noch, wir waren dagegen, aber die Amerikaner waren viel stärker als wir, und wir verloren.

LEE Diesmal werden sie es mit einem sehr mächtigen Gegenspieler zu tun bekommen, dem Renminbi. In ungefähr zwanzig Jahren.

SCHMIDT Dem stimme ich zu. Ich habe bei Einführung des Euro ein Währungsdreieck vorausgesagt: Dollar, Euro, Renminbi. Es wird sich bilden, dessen bin ich mir ziemlich sicher. Ende nächster Woche werde ich in Peking Zhou Xiaochuan treffen, den Gouverneur der Chinesischen Volksbank . Ich halte ihn für einen vorzüglichen Mann, er ist so gut, wie Trichet war und Bernanke ist. Man könnte sie untereinander austauschen.

LEE Bei 1,3 Milliarden Menschen fehlt es China nicht an Talenten. Was ihm fehlt, sind Verbindungen zur Außenwelt, der informelle Austausch nur durch Gespräche, beim Mittagessen, beim Frühstück oder auch am Telefon, wo jeder seine Ansichten offen einbringt.

SCHMIDT Ja. Mir würde es zum Beispiel gefallen, wenn die drei von mir genannten Männer einmal pro Woche zusammenträfen.

(SCHMIDT greift wieder nach seinen Zigaretten.)

MATTHIAS NASS Vorsicht!

SCHMIDT Von Zeit zu Zeit greife ich ganz automatisch in die Tasche (lacht). Haben Sie eigentlich jemals geraucht, Harry?

LEE Ich habe 40 bis 50 Stück am Tag geraucht.

MATTHIAS NASS Und wann haben Sie aufgehört?

LEE Nun, während eines Wahlkampfs, als ich in jeder Sitzung eine

Packung mit zehn Zigaretten rauchte. Ich versuchte mich einzuschränken, indem ich Zehnerpackungen kaufte. Damals habe ich, bei vier oder fünf Versammlungen pro Abend, 40 oder 50 Stück geraucht. Am Ende des Wahlkampfs hatte ich meine Stimme verloren und konnte mich nicht einmal bei den Wählern bedanken. Also sagte ich mir, wenn du weitermachen willst, musst du mit dem Rauchen aufhören.

SCHMIDT Ich war immer überzeugt, dass es mir nichts anhaben kann.

SCHMIDT Wie dick werden Ihre Memoiren werden?

LEE Ich habe meine Memoiren schon geschrieben.

SCHMIDT Sie haben erwähnt, dass Sie an einem dritten Buch schreiben.

LEE Das wird einige Zeit in Anspruch nehmen. Ich schreibe diesmal nicht über mein Leben, sondern ich will meine Ansichten über die Welt zu Papier bringen.

SCHMIDT Ich habe ein Buch mit dem Titel »Außer Dienst« geschrieben.

LEE Wenn man seine Ansichten wiedergibt, ist man von allen Recherchen befreit.

SCHMIDT Aber nicht von allen Rücksichten!

LEE Leider.

MATTHIAS NASS Ich würde vorschlagen, dass wir noch einmal über das »pazifische Jahrhundert« sprechen. Viele im Westen sind der Meinung, dass die Dominanz des Westens, der rund fünfhundert Jahre lang die Welt beherrscht hat, zu Ende geht. In welches Zeitalter treten wir jetzt ein?

LEE Ich bin nicht der Meinung, dass das 21. Jahrhundert ein pazifisches Jahrhundert wird, mit anderen Worten ein chinesisches. Ich denke, es wird ein Jahrhundert, in dem sich Chinesen und Amerikaner einen Wettstreit um die Macht im Pazifik liefern. In Asien gibt es verschiedene nationale Interessen, die miteinander kollidieren, und dabei sind zwei Grundkräfte am Werk. Die eine ist die Größe der chinesischen Wirtschaft, die Japaner, Koreaner und den Rest Asiens schlucken wird. Man exportiert nach China und investiert in China, weil es eine wachsende Wirtschaft ist. Die andere Kraft ist das zunehmende Selbstbewusstsein der Chinesen. Je reicher und stärker China wird, desto selbstbewusster wird es. Deshalb werden die anderen Länder wollen, dass die Amerikaner als Gegengewicht dableiben. Je dominanter China auftritt, desto mehr werden die anderen Länder wollen, dass die Amerikaner dableiben, und sie werden bereit sein, ihnen Stützpunkte und logistische Unterstützung zur Verfügung zu stellen. Frieden und Stabilität in Asien werden heute einzig und allein vom Machtgleichgewicht zwischen Amerika und China aufrechterhalten. Aber wie lange die Amerikaner ein Gegengewicht zu China bilden können, weiß niemand. Am Ende des 21. Jahrhunderts wird dies nicht mehr möglich sein. Wenn man vom pazifischen Jahrhundert spricht und damit meint, dass das Gravitätszentrum sich vom Atlantik zum Pazifik verlagert hat, dann ist der Ausdruck angebracht. Man muss allerdings daran erinnern, dass China bis vor zweihundert Jahren mehr als 30 Prozent des globalen BIP produziert hat und heute, wenn nicht im Innern etwas Gravierendes passiert, dabei ist, diese Position schrittweise wiederzuerlangen.

MATTHIAS NASS Es ist also weniger ein Aufstieg als eine Wiedergeburt Chinas?

LEE Wie immer Sie es ausdrücken wollen. Das 21. Jahrhundert bringt jedenfalls ein stärkeres China, ein höheres chinesisches BIP, ein größeres Gewicht des Landes in den globalen Gremien und eine wachsende Militärmacht, die dazu dient, mit Heer, Marine und Luftwaffe Menschen von seinen Grenzen fernzuhalten.

SCHMIDT Offenbar stammt das Schlagwort von der Machtverlagerung vom Atlantik zum Pazifik aus Amerika; es dürfte geprägt worden sein, um die Verlagerung des Schwergewichts der amerikanischen Marine und Luftwaffe zu rechtfertigen. Heute besitzt die US-Luftwaffe Stützpunkte auf australischem Territorium, und die US Navy ist in einer nahezu ununterbrochenen Kette vom Persischen Golf über den Indischen Ozean, das Südchinesische und das Ostchinesische Meer bis zur kanadischen Küste präsent. Ich denke, Amerika übertreibt es.

Ihrer Antwort stimme ich zu, mache aber eine Anmerkung. Wenn die Finanzkrise von 2008 nicht eingetreten wäre, würde ich meinen alten Satz wiederholen: Wir leben in einer tripolaren Welt, und die Pole heißen China, USA und Europa.

LEE Die Europäer könnten es immer noch schaffen.

SCHMIDT Sie könnten es. Aber aufgrund dieser tiefen Finanzkrise bin ich mir nicht mehr so sicher.

LEE Europa stehen nur zwei Wege offen: Wenn es seine Einheit und den Euro bewahren will, muss es sich weiter integrieren, es kann nicht auf halbem Weg stehenbleiben. Ich glaube also, dass die griechische Krise eine Initialzündung ist, die den Schlüsselregierungen Zeit gibt zu entscheiden, ob sie das Auseinanderbrechen in viele Kleinstaaten wollen, die in der großen Welt nichts zählen, oder ob sie die Einheit wollen, ob sie in der Welt Gehör finden wollen.

SCHMIDT Dem kann ich nur zustimmen. Das Problem ist, dass in Europa gegenwärtig keine herausragenden Führer zu finden sind.

LEE Krisen können Führer hervorbringen.

SCHMIDT Das ist wahr. Der Zweite Weltkrieg hat Winston Churchill hervorgebracht.

LEE Meiner Meinung nach ist die Krise noch gar nicht richtig eingetreten, sie wird auch nicht in zwei, drei Jahren eintreten, sondern in zehn oder zwanzig Jahren. Wenn sie dann eintritt, werden sich die Europäer entscheiden müssen: Entweder sie tun sich zusammen, oder sie zählen nicht mit in der Welt der neuen

Großmächte. Wenn darüber zu entscheiden sein wird, werden wahrscheinlich auch Führungspersönlichkeiten da sein.

SCHMIDT So lange werden wir beide nicht leben.

LEE Das stimmt. Aber ich denke, die Voraussage lässt sich mit einiger Sicherheit treffen. Falls sie sich nicht bewahrheiten sollte, würde Europa nicht mehr viel zählen, was schade wäre für die Welt. Meiner Meinung nach wird es zu einem Kerneuropa kommen, zunächst bestehend aus den größeren Mächten Deutschland, Frankreich, vielleicht Großbritannien.

SCHMIDT Die Briten werden nicht wirklich Europäer werden.

LEE Ihnen bleibt keine andere Wahl. Früher wollten sie transatlantisch sein. Aber die Amerikaner werden auf Dauer nur ihre Stimme in Europa schätzen.

SCHMIDT Ich glaube, dieser Kampf ist mehr oder weniger entschieden. Die Briten werden – falls sie Schottland verlieren sollten, umso mehr – für Amerika optieren. Übrigens ist in Großbritannien die Entindustrialisierung am weitesten fortgeschritten.

LEE Weil die Briten glauben, der Finanzmarkt sei die Zukunft.

SCHMIDT Ja, aber sie irren sich. Die Zukunft sehen sie auch nicht im Finanzmarkt, sondern in der Finanzspekulation.

LEE (lacht) Wie auch immer, der Prokopfbeitrag von Mitarbeitern der Finanzbranche zum britischen BIP ist fünfmal höher als derjenige eines Industriearbeiters.

SCHMIDT Insgesamt ist der Beitrag des Finanzsektors zum britischen Sozialprodukt rund dreimal so hoch wie in Frankreich oder Deutschland.

LEE Weil Großbritannien zum Finanzzentrum Europas und großer Teile der Welt außerhalb Amerikas geworden ist.

SCHMIDT Nebenbei gesagt, werden die Finanzzentren in China auch immer größer – und mächtiger. Und je weiter der Renminbi liberalisiert wird, desto mehr wird diese Macht Fakten schaffen.

Xi Jinping, der im November 2012 zum Generalsekretär der KP Chinas gewählt wurde, empfängt die Mitglieder des Interaction Council, Peking, Mai 2012.

LEE Die Chinesen werden sehr vorsichtig sein, was Kapitalzuflüsse in den Renminbi betrifft. Es ist eine Macht, für deren Erhalt sie keinesfalls ihre innere Stabilität riskieren würden. Sobald man ein Kapitalkonto eröffnet, kann Geld ungehindert herein- und hinausströmen. Und das wollen sie nicht.

SCHMIDT Solange sie sich zurückhalten, gibt es das Dreieck der drei großen Währungen nicht wirklich.

LEE Das trifft zu.

MATTHIAS NASS Wird der Kampf zwischen Amerika und China, den Sie für das 21. Jahrhundert voraussagen, mit ökonomischen Mitteln geführt oder als ein politischer und vielleicht sogar militärischer Wettbewerb, als ein Rüstungswettlauf, wie wir ihn im Kalten Krieg erlebt haben?

LEE Es wird zu einem Wettbewerb auf wirtschaftlichem, politischem und diplomatischem Gebiet kommen, auch zu militärischer Rivalität, aber nicht zu einem Rüstungswettlauf. Beide Seiten werden mächtige Streitkräfte unterhalten. Aber beide besitzen Atomwaffen, weshalb sie es nicht auf einen Kampf gegeneinander ankommen lassen werden. Doch sie werden versuchen, mit ökonomischen Mitteln Verbündete im Pazifik zu gewinnen. Wie es ausgeht, hängt davon ab, wer mehr zu bieten hat. Japaner und Südkoreaner werden allerdings immer auf Amerikas Seite stehen, weil sie China zu nah sind und nicht von ihm geschluckt werden wollen. Taiwan wird auf jeden Fall geschluckt werden.

MATTHIAS NASS Was ist mit der »soft power«? Denken Sie, dass China die Welt jemals in ähnlicher Weise faszinieren wird wie Amerika?

LEE Ich glaube nicht. Wir sprachen ja bereits darüber, dass die chinesische Sprache ein unüberwindliches Hindernis ist.

MATTHIAS NASS Amerika wird also das Land unserer Träume bleiben?

SCHMIDT Nein. Amerika wird in geringerem Maße ein Vorbild

sein als in den ersten fünfundzwanzig Jahren nach dem Zweiten Weltkrieg. Der Modellcharakter der Vereinigten Staaten wird schrittweise abnehmen. Die Frage ist, wer diese Funktion übernehmen wird? Es ist denkbar, dass die europäischen Nationen in gewisser Weise das Erbe antreten werden.

MATTHIAS NASS Aber befindet sich Amerika wirklich im Niedergang? Chinesen, Europäer, alle schicken ihre Kinder zum Studium nach Amerika. Es besitzt die besten Universitäten der Welt.

SCHMIDT Da bin ich mir nicht so sicher. Die Universitäten an der Ostküste, in Chicago und an der Westküste sind erstklassig und gehören sicherlich zu den besten der Welt. Aber dazu gehören auch Cambridge, die London School of Economics, Oxford, die Katholische Universität von Leuven, die Sorbonne in Paris. Es gibt in Europa viele erstklassige Universitäten. Auch in Singapur gibt es heute eine erstklassige Universität. Es findet ein globaler Wettbewerb statt, und es könnte gut sein, dass auch die Araber eine erstklassige Universität aufbauen. Vor 1200 Jahren besaßen sie schon einmal derartige Zentren der Wissenschaft und der Lehre, nämlich Bagdad und Córdoba.

LEE Aber die heutige Sprache ist Englisch, und kein anderes Land besitzt Universitäten, die sich mit den englischsprachigen in Amerika messen können, außer vielleicht Oxford, London und Cambridge. Aber auch sie halten dem Vergleich mit Harvard, Princeton und Yale nicht stand.

SCHMIDT Aber es gibt Fächer, in denen die Sprache eine nachgeordnete Rolle spielt, beispielsweise Musik, Malerei, Architektur.

LEE Das ist wahr. Aber wenn es darum geht, Talente anzuziehen, ist die Sprache entscheidend.

SCHMIDT Ich gebe zu bedenken, dass Sie das Element der Macht in Bezug auf die Zukunft möglicherweise überbewerten.

LEE Was Macht im Sinne von purer Stärke betrifft, wird Amerika in Gestalt von China ein Konkurrent erwachsen, aber was Macht im Sinne der Anziehungskraft auf andere angeht, können die Chinesen aufgrund ihrer Sprache und Kultur nicht gleichziehen. Ihre Kultur ist nicht offen für Ausländer, die amerikanische ist es wohl. Amerika ist ein Land, das von Einwanderern geschaffen wurde, und es heißt neue Einwanderer noch immer willkommen. Früher waren es hauptsächlich Europäer, heute sind es Asiaten, darunter viele Chinesen, Koreaner und Inder. Wenn man sich die amerikanischen Universitäten und Banken anschaut, findet man indische Namen, indische Lehrer, chinesische Namen, chinesische Lehrer, und alle lehren auf Englisch.

SCHMIDT   Das stimmt. Andererseits zeichnen sich amerikanische Wissenschaftler in Physik, Geophysik, Astrophysik, Chemie, Mathematik, Computertechnologie und auf vielen anderen Gebieten aus, aber nicht in den Geisteswissenschaften. Die gelten in den Vereinigten Staaten als mehr oder weniger zweitrangig.

LEE   Das liegt zum Teil daran, dass Amerika eine junge Nation ist. Um eine große Literatur, große Schriftsteller und Gelehrte hervorzubringen, muss man eine lange historische Tradition haben. Wenn Amerika lange genug existiert, wird es große Leute hervorbringen.

SCHMIDT   Gott sei Dank wird es lange existieren. Und deshalb wird es auch mit den großen Leuten lange dauern (er lacht). In der Zwischenzeit kaufen die Amerikaner für ihre Museen Kunstwerke aller Art auf.

LEE   Sie konzentrieren sich auf die ökonomische Stärke und setzen sie ein, um Menschen anzuziehen, die wiederum ihre ökonomische Stärke erweitern, ihren Einfluss, ihre Forschung und Entwicklung. Natürlich wollen sie auch Künstler für sich gewinnen, aber noch besitzen sie nicht die Tradition, selbst welche hervorzubringen. Aber eines Tages werden sie sie haben.

SCHMIDT   Sprechen Sie jetzt vom 22. oder vom 23. Jahrhundert? (Beide lachen.)

MATTHIAS NASS Eine letzte Frage an Sie beide. Sie haben über sechzig Jahre lang ihrem Land gedient. Wenn Sie zurückschauen, welchen Rat würden Sie ihren Landsleuten geben, damit sie das Erreichte erhalten und sichern und in der Zukunft prosperieren können?

LEE In einem Zeitalter rascher technologischer Umwälzungen, die den Lebensstil, das soziale Verhalten, die Gesellschaftsstruktur verändern, muss man fähig sein, mit diesen Entwicklungen Schritt zu halten. Wenn man sich ihnen widersetzt, wird man zurückfallen, man kann sich nicht statisch verhalten. Vor zwanzig oder dreißig Jahren war es unvorstellbar, dass wir uns hier in Singapur treffen. Es ist ein langer Flug. Aber heute sind Sie hier, greifen zu einem Smartphone und können mit jedermann in Berlin oder Hamburg oder anderswo auf der Welt sprechen. Die Technologie hat aus der Welt ein Dorf gemacht, und das hat Folgen für alle Dorfbewohner. In Asien wirkt es sich heute am stärksten auf diejenigen aus, die in den Küstenprovinzen in China und in den Großstädten in Indien oder in deren Nähe leben. Aber es wird mit der Zeit das ganze Land erfassen. Oder schauen Sie nach Afrika. Heute informieren sich die Afrikaner mit dem Smartphone über den Maispreis, und da sie so immer den aktuellen Marktpreis kennen, können die Zwischenhändler nicht mehr so hohe Aufschläge verlangen. Das Umfeld, in dem sich die Menschen bewegen und verhalten, verändert sich also durch zeitgleiche Information und schnelle Kommunikation. Von Frankfurt nach Singapur sind es zwölf Stunden, die Concorde flog mit Überschallgeschwindigkeit zwischen London und Singapur – Frühstück in London, Abendessen in Singapur. Der Überschallknall hat den kommerziellen Erfolg der Concorde verhindert, aber eines Tages wird es ballistische Raketen geben, die ohne Überschallknall aufsteigen und landen werden. Von Frankfurt nach Singapur braucht man dann möglicherweise nur noch eine oder anderthalb Stunden. Ich würde das nicht ausschließen. Nicht zu meiner Lebenszeit, aber in hundert Jahren, denke ich, wird es so sein. Man schickt bereits Menschen ins All. Warum sollten eines Tages nicht Massen im Orbit von einer Stadt in die andere transportiert werden? Eine der größten Veränderungen wird die Vermischung der Völker sein. In Europa wird sie bestimmt durch den Einwanderungsdruck aus Afrika und zum Teil aus der arabischen Welt. Diese Menschen suchen ein besseres Leben. Die Bevölkerung in Europa schrumpft, Europa braucht Arbeiter. Die Franzosen mögen die Algerier nicht, sie mögen die Schwarzafrikaner nicht, aber sie brauchen sie, weil sie sich nicht schnell genug vermehren. Nach meiner Ansicht wird die Vermischung der Völker in den nächsten Jahrzehnten eines der größten Probleme sein. Sie findet zwangsläufig statt, aber achtet man sich auch gegenseitig? Das ist das Problem. Hier in Asien haben wir verschiedene Rassen. Für Sie sehen wir alle gleich aus, aber wir sind nicht gleich. Mischehen zwischen Chinesen und Indern, Indern und Malaien oder Malaien und Chinesen sind selten, weil die Rasse ein mächtiger Faktor ist. Ich meine nicht die Nationalität, sondern die physische Erscheinung. Es gibt die gelben Rassen – Chinesen, Koreaner, Japaner, Vietnamesen –, es gibt die Inder, die Afrikaner, die Europäer, einschließlich der Russen. Im russischen Fernen Osten gibt es eine gemischte Bevölkerung, der Raum dort ist spärlich besiedelt, deshalb gibt es viele Mischehen. Aber weltweit wird es ein großes Problem werden.

SCHMIDT Was ich mir wünsche, sind vor allem Tugenden. Vorausschicken will ich, dass ich hoffe, dass Deutschland als einer von zwölf oder fünfzehn Staaten in die Europäische Union hineinwächst. Vor diesem Hintergrund hoffe ich, dass die Deutschen in ihren eigenen Grenzen erstens die Freiheit des Einzelnen bewahren werden; dass sie, zweitens, in ihren eigenen Grenzen die Gerechtigkeit bewahren werden; dass sie, drittens, die Solidarität in der Gesellschaft bewahren werden, insbesondere mit Blick auf die zunehmende Zahl alter Menschen; viertens ist es notwendig, den Frieden zu bewahren. Und fünftens wünsche ich mir politische Führer, die nicht für ihre guten Absichten verantwortlich sind, sondern für das, was sie tatsächlich bewirken. Verantwortung, das ist der letzte Punkt.

LEE Aber sind Sie bereit, die Türken als Deutsche anzuerkennen?

SCHMIDT Nein, ich bin auch gegen das Schlagwort des Multikulturalismus. Stattdessen plädiere ich dafür, die rund 3 Millionen Türken, die heute in Deutschland leben, rechtlich voll in Deutschland zu integrieren. Ob sie sich auch kulturell integrieren wollen, das möchte ich ihnen und ihren Kindern und Enkelkindern überlassen. Aber die Kultur der türkischen Nation und ihre Lebensgewohnheiten unterscheiden sich stark von den deutschen. Und die Deutschen machen es leider den Türken nicht leicht. Es dauert mehr als eine volle Generation.

LEE Deshalb ist die Vermischung der Völker ein Problem für die Welt. Denn Auswanderung wird weiterhin stattfinden, aber an der Anerkennung der Einwanderer wird es fehlen.

SCHMIDT Ich vermute, die Europäer neigen dazu, lieber zu schrumpfen, als eine große Einwanderung zuzulassen.

LEE In Deutschland haben Sie schon die Türken, und ihre Zahl nimmt zu. Auch die zweite Generation reproduziert sich schneller als die Deutschen.

SCHMIDT Es mag Sie erstaunen, Harry, aber die Ausländer, die heute auf unserem Boden leben, haben weniger Kinder als ihre Eltern. Das geht ziemlich schnell.

LEE Aber mehr als die Deutschen.

SCHMIDT Das stimmt, aber in einer halben Generation, vielleicht in fünfzehn Jahren, wird sich auch dies geändert haben.

LEE Und bis dahin werden immer neue Einwanderer hinzukommen, legale und illegale, denn sie wollen am deutschen Wohlstand teilhaben.

SCHMIDT Ich frage mich, ob wir sie alle willkommen heißen. In Singapur heißen Sie nicht jeden Fremden willkommen, sondern Sie suchen die Leute sorgfältig aus. Sie beurteilen sie nach ihren Fähigkeiten, und wenn jemand die Voraussetzungen nicht erfüllt …

LEE Aber wir sind eine Insel, also können wir unsere Grenzen kontrollieren. Sie haben Grenzen mit anderen Ländern, sehr lange Grenzen.

SCHMIDT Das ist unser bitteres Schicksal (beide lachen).

LEE Ich sehe darin eines der großen Probleme der Welt in den kommenden Jahrzehnten.

SCHMIDT Ich stimme Ihnen zu.

SCHMIDT Haben schon jemals ein Singapurer und ein Hamburger zusammen ein Buch veröffentlicht?

LEE (lacht) Nein, bisher noch nicht.

SCHMIDT Es ist also das erste Mal. Es wird Aufsehen erregen.

LEE Wir werden es versuchen. Wir müssen Aufsehen erregen, um gehört zu werden.

SCHMIDT Was Ihre Position angeht, bin ich mir ziemlich sicher, dass sie positiv wahrgenommen werden wird. Meinen Anteil wird man als zu pessimistisch betrachten. Das ist der Altersunterschied zwischen Ihnen und mir; obwohl es nur vier Jahre sind, bin ich pessimistischer als Sie. – Was uns noch fehlt, ist ein zündender Titel. Wir müssen nicht jetzt gleich über den Titel entscheiden, aber wir könnten ein paar Minuten darüber nachdenken.

LEE Er muss die Grundidee unseres Gespräches enthalten, die Welt aus zwei unterschiedlichen Perspektiven zu sehen: der deutschen und der Singapurer. Und er muss andeuten, dass wir trotz der verschiedenen Blickwinkel in vielen Fragen übereinstimmen, in anderen unterschiedlicher Meinung sind, die meisten Fragen aber auf gleiche Weise sehen. Im Kern unseres Gespräches ging es darum, wie wir uns im Zuge der globalen Veränderungen verändert haben und wie sich unsere Völker verändert haben. Wenn Sie jetzt nach China reisen und dieses Gespräch mit Zhu Rongji führen …

SCHMIDT Es wird eine sehr freundschaftliche Begegnung sein. Und es gibt ein Konzert mit Künstlern der Pekingoper.

LEE Ja. Außerdem haben Sie einen Dolmetscher. Sie können keinen wirklichen Gedankenaustausch erwarten.

SCHMIDT Nein. Aber Zhu Rongji hat Deng Xiaopings Linien mit großem Erfolg fortgeführt.

LEE Er wird Sie nicht provozieren wollen, sondern Ihre Auffassungen unwidersprochen lassen, und wenn Sie seine Ansichten hören wollen, wird er sie Ihnen darlegen. Aber er wird sie Ihnen nicht aufdrängen.

SCHMIDT Mochten Sie ihn zu seiner Zeit?

LEE Ja, ich fand ihn sehr geradeheraus. Er äußert sich unverblümt und klebt nicht am vorbereiteten Text.

SCHMIDT Ich finde, wir haben eine gute Grundlage für unser gemeinsames Buch gelegt.

LEE Ich bin sehr zufrieden damit. Mir fehlt die Kraft, stundenlang zu schreiben. Dafür braucht man Konzentration, physisches Stehvermögen.

SCHMIDT Ja. Andererseits hält es einen am Leben.

LEE (lacht) Darüber ließe sich streiten.

SCHMIDT Ich halte es für wahr.

LEE Schreiben hält den Geist am Leben.

SCHMIDT Ja, es hält den Geist am Leben. Und Zigaretten! (Beide lachen.) Die halten meinen Geist auch am Leben. Aber der übrige Körper versagt.

LEE Das ist unvermeidlich. Es ist ein Naturgesetz, das man nicht brechen kann. Jeder muss sich an dieses Gesetz halten.

SCHMIDT Ja.

LEE Unsere Gene sind darauf programmiert, eine gewisse Zeit durchzuhalten, und jenseits eines bestimmten Verfallsdatums erneuern sich die Zellen nicht mehr richtig.

SCHMIDT Harry, dies ist mein letzter Besuch in diesem Teil der Welt. Ich werde keine so langen Reisen mehr unternehmen.

LEE Aber bleiben Sie uns noch lange erhalten. Ich wünsche Ihnen Gesundheit und ein erfülltes, befriedigendes Leben.

SCHMIDT Und ich wünsche Ihnen alles Gute.

LEE Es ist mir ein Vergnügen und eine Ehre, Sie zu kennen.

SCHMIDT Auch mir ist es ein großes Vergnügen und eine Ehre. Ich muss sagen, dass ich Ihnen sehr dankbar bin, dass Sie mir Ihre Zeit geopfert haben, Harry. Ich werde nicht noch einmal herkommen. Ich habe mich sehr gefreut, Sie zu sehen.

LEE Und ich bin froh, dass ich Sie empfangen konnte. – Jetzt müssen wir vor die Presse. Man will wissen, worüber wir uns drei Tage lang unterhalten haben. Also werden wir ihnen sagen, dass wir unsere Ansichten über ein breites Spektrum von Fragen ausgetauscht haben.

SCHMIDT Aber wir werden ihnen nicht alles sagen, Harry.

LEE Ganz bestimmt nicht.

Helmut Schmidt und Lee Kuan Yew am Ende ihres Gesprächs
im Mai 2012 in Singapur.

MATTHIAS NASS

Vier Freunde

Helmut Schmidt, Henry Kissinger,
George Shultz und Lee Kuan Yew

*Über die Freundschaft, das Alter
und das Abschiednehmen*

Einst waren sie mächtig. Gefürchtet. Von vielen bewundert, bei manchen verhasst. Jetzt neigt sich ihr Leben dem Ende zu. Doch es gibt noch eine Geschichte zu erzählen, die Geschichte einer Freundschaft. Von vier Männern ist zu erzählen, die man sich nüchterner nicht denken kann. Helmut Schmidt, Lee Kuan Yew, Henry Kissinger und George Shultz: kühle, bisweilen kalte Machtmenschen. Aber seit mehr als vierzig Jahren sind sie einander eng, fast innig verbunden. Nun nehmen sie langsam Abschied voneinander.

Singapur, Anfang Mai, Konferenzraum »White Magnolia« im Shangri-La Hotel. Einmal noch wollte Helmut Schmidt sich mit Lee Kuan Yew treffen, dem Gründungspremier der asiatischen Metropole. Seit Langem hat er sich auf nichts so sehr gefreut wie auf diese Reise zu »Harry«, wie Lee Kuan Yew seit den Studententagen im englischen Cambridge bei seinen Freunden heißt. Von Singapur aus wird er für fünf Tage nach China weiterreisen, auch das ein lang gehegter Wunsch.

Schmidt ist 93 Jahre alt. Wer nimmt da noch einen fünfzehn Stunden währenden Flug vom kühlen Hamburg ins tropisch-schwüle Singapur auf sich? Im März haben ihm die Ärzte grünes Licht gegeben: Die Thrombose, die ihn plagt, verhindere den langen Flug nicht.

Lee, 89 Jahre alt, hat ihm geschrieben, wie froh ihn dieser Besuch mache. Auch, dass der Freund nach der Ankunft Ruhe brauchen werde, wenigstens eine Nacht lang, um den Jetlag zu überwinden. Am Abend darauf werde er ihm ein Essen geben.

Danach will man sich drei Nachmittage lang zusammensetzen, miteinander sprechen. Über China, Amerika, Europa – das große Ganze, so wie sie es immer gehalten haben. Ein Buch soll daraus werden, ein Gesprächsband über den Zustand der Welt. Darunter machen es die beiden nicht.

Und dann beginnt das Gespräch ganz zart. »Meine Frau ist im Alter von 91 Jahren von mir gegangen«, sagt Helmut Schmidt. »Loki ist mit 91 gestorben?« – »Ja, es war ein großer Verlust. Muss Ihnen auch so gehen.« – »Ja, es reißt eine tiefe Lücke in unser Leben, nichts kann sie füllen.«

Drei Wochen vor Loki Schmidt, Anfang Oktober 2010, ist Lee Kuan Yews Frau Choo gestorben. Als Studenten in Cambridge ragten die beiden Lees intellektuell heraus. Vor Ehrgeiz brennend, kehrten sie nach Singapur zurück. Dort errichtete Lee Kuan Yew eine Erziehungsdiktatur, die, bei allen Erfolgen, zum Fürchten war. Lee konnte gnadenlos sein. Er verfolgte politische Opponenten, trieb sie mit Prozessen in den finanziellen Ruin, knebelte die Presse. Aber als seine schwer kranke Frau am Ende ihres Lebens mehr als zwei Jahre lang sprech- und bewegungsunfähig im Bett lag, hat er sich jeden Abend zu ihr gesetzt und ihr vorgelesen. Sie sollte in Frieden sterben.

64 Jahre lang waren die beiden verheiratet. »Bei uns waren es 68«, sagt Schmidt. »Wir hatten gehofft, siebzig Jahre zusammenbleiben zu können«, sagt er. »Yeah«, seufzt Lee mit belegter Stimme. »Yeah.«

Schmidt sitzt in seinem Rollstuhl zur Rechten Lees, er hört nur auf seinem linken Ohr. Lee sitzt sehr aufrecht. Er trägt eine dunkelblaue chinesische Seidenjacke; mit seinem fast kahlen Schädel wirkt er wie ein unnahbarer Pekinger Mandarin. Er formuliert druckreif, in einem nuancenreichen Oxford-Englisch. Vor ihm steht ein Glas heißes Wasser, aber während des ganzen Gesprächs trinkt er keinen einzigen Schluck.

Schmidt darf nicht rauchen, stundenlang nicht, für ihn eine Tortur. Lee, ehemals selbst starker Raucher, ist mittlerweile gegen Zigarettenqualm allergisch. Einmal, gedankenverloren, greift Schmidt in seine linke Sakkotasche, zieht die Zigarettenschachtel hervor, zündet sich eine Reyno an. Lee erstarrt, sagt nichts, sieht Schmidt nur an. Der erschrickt: Wo ist der Aschenbecher? Es gibt keinen. Er zögert, versenkt die Reyno dann mit Schwung in einer tiefen Kaffeetasse. Große Heiterkeit!

»Für mich ist dies eine Sentimental Journey«, nimmt Helmut Schmidt den Faden wieder auf. Er sei 1958 oder 1959 zum ersten Mal in Singapur gewesen, habe damals im berühmten Raffles Hotel gewohnt. »Die britischen Kolonialoffiziere gaben vor, Tee zu trinken, dabei tranken sie Whiskey!«

Abrupt wechselt Schmidt zur Politik, will wissen, wann Lee zum ersten Mal Deng Xiaoping getroffen habe. 1978 sei das gewesen, erwidert Lee, zwei Jahre nach dem Tod Mao Zedongs, als der Vizepremier Deng mit der ökonomischen Umwälzung des Riesenreichs begann. Singapur war Dengs Vorbild, glaubt Lee. Freier Markt und starker Staat, das habe er sich hier abgeschaut.

1978 war es auch, als Schmidt und Lee Kuan Yew sich kennenlernten. Lee kann sich an die erste Begegnung nicht mehr erinnern. Schmidt dafür umso lebhafter. Er sei damals aus Japan gekommen, auf dem Rückflug habe er in Singapur Station gemacht. Lee habe Loki den Botanischen Garten gezeigt. Ganz überwältigt sei sie gewesen.

Olaf Ihlau, damals Korrespondent der Süddeutschen Zeitung, schrieb über das erste Treffen von Schmidt und Lee: »Beide Politiker ähneln einander sehr. Sie sind Tatmenschen und Pragmatiker, Experten in Wirtschaftsfragen und Gegner ideologischer Träumereien. Sie verfügen über eine hohe, schnell zur Ungeduld neigende Intelligenz und tun sich schwer, ihren Hang zur Überheblichkeit zu zügeln. So hat der Chef der südostasiatischen Wohlstandsinsel schon seit langem die Übung aufgegeben, zu Pressekonferenzen zu erscheinen, um möglicherweise lästige Frage beantworten zu müssen. Lee hält Journalisten für ›crackpots‹, für Knallköpfe. Auch in diesem Punkt steht Helmut Schmidt wohl nicht allzu weit von ihm entfernt.«

Niemand kann in jenen Jahren bestreiten, auch die Knallköpfe nicht, dass Singapur wirtschaftlich aufblüht. Mit aller Härte treibt Lee Kuan Yew nach der Trennung von Malaysia den ehemaligen Außenposten des britischen Empire in die Moderne. Auch George Shultz ist neugierig geworden auf das südostasiatische Wirtschaftswunder. Auf dem Weg zu einem asiatischen Gipfeltreffen macht Amerikas Finanzminister 1972 einen Stopover in Singapur.

Vierzig Jahre später sitzen wir im Berliner Hotel Adlon, als Shultz davon erzählt. Am Abend, es ist der 24. Mai, wird er den Henry-Kissinger-Preis der American Academy in Empfang nehmen. Auch Kissinger ist in der Stadt. Ebenso Schmidt, er wird die Laudatio auf Shultz halten. Einer fehlt. Lee konnte schon im vergangenen Herbst nicht dabei sein, als sich Schmidt, Shultz und Kissinger in New York trafen.

Shultz erinnert sich daran, wie die beiden Lees ihm voller Stolz ihre Stadt zeigten und wie er nach seiner Rückkehr Kissinger davon berichtete. »Es lohnt sich sehr, sich mit Lee zu unterhalten, sagte ich zu Henry, der ihn bereits kannte. Wir verstehen uns.«

Shultz ist der große Organisator, er hat die vier erstmals zusammengeführt. 1982 war das. Helmut Schmidt war noch Bundeskanzler, Shultz war gerade von Ronald Reagan zum Außenminister ernannt worden.

Er habe damals Schmidt als seinen Gast nach »Bohemian Grove« mitgebracht, einer Art Sommercamp für Amerikas Wirtschafts- und Politikelite im Norden Kaliforniens, bei dem viel getrunken wird, derbe Witze gerissen werden und von Politik und den Geschäften eher wenig die Rede ist. Kissinger habe als seinen Gast Lee Kuan Yew eingeladen. Nach Ende des Camps sei man zum Lunch in Shultz' Haus auf dem Campus der Universität Stanford gefahren. »Dort haben wir zu viert um meinen Küchentisch gesessen und zwei, drei Stunden lang geredet, bis meine Frau und Choo Lee uns baten aufzustehen, damit sie das Mittagessen zubereiten konnten. Ich habe bei mir gedacht: Was für eine fantastische Lehrstunde für einen neuen Außenminister!«

Lee Kuan Yew erinnert sich daran, wie sich Schmidt ans Klavier gesetzt und »ohne Noten professionell klassische Musik« gespielt habe. Die vier waren voneinander hingerissen. Eine Freundschaft war geboren, die bis heute hält.

Schmidt und Shultz kannten sich da schon zehn Jahre. Sie hatten sich 1972 in der »Library Group« getroffen. Vor der Jahreskonferenz von Weltbank und Internationalem Währungsfonds, erzählt George Shultz, wollte er sich in Washington mit den wichtigsten Finanzministern treffen. »Natürlich war Helmut einer von ihnen.« Er lud Schmidt, den Franzosen Valéry Giscard d'Estaing, den Briten Tony Barber und, später, den Japaner Takeo Fukuda zu einer Diskussion beim Lunch am Sonntagmittag ein.

»Ich erzählte dem Präsidenten davon. Nixon sagte: Gute Idee! Warum geben Sie dem Meeting nicht ein bisschen Stil und treffen sich im Weißen Haus? Wir gingen also in die Bibliothek des Weißen Hauses – ein wunderschöner Raum. Gutes Essen! Und es hat funktioniert. Wir trafen uns wieder, wir konnten uns am Telefon austauschen, zwischen uns entwickelte sich Vertrauen. Irgendjemand hat dann vorgeschlagen, unseren Kreis die ›Library Group‹ zu nennen.« Es sollte mehr daraus werden. Bei den Treffen in der Bibliothek des Weißen Hauses wurde die Idee der G7-Gipfel geboren.

Natürlich waren Kissinger und Shultz einander schon viel länger ein Begriff. Beide hatten an der Universität Karriere gemacht, Kissinger in Harvard, Shultz ein paar Kilometer weiter am Massachusetts Institute of Technology (MIT). Historiker und Politikwissenschaftler der eine, Ökonom der andere. »Ich kannte ihn nicht persönlich«, erzählt Shultz, »aber ich wusste von ihm. Denn das, was er sagte, fand große Öffentlichkeit.«

Richard Nixon brachte die beiden zusammen. Kissinger wurde der Nationale Sicherheitsberater des Präsidenten, später Außenminister. Shultz erst Arbeits- und dann Finanzminister. Waren Sie jemals Rivalen? »Nein«, sagt Shultz. Man habe einander ergänzt. Er habe beispielsweise eine wirtschaftliche Studie über Amerikas Abhängigkeit von Ölimporten vorgelegt, Kissinger habe über die strategischen Implikationen nachgedacht.

Auch nach der gemeinsamen Zeit unter Nixon blieben sie einander verbunden. Als Shultz selbst Außenminister wurde, suchte er den Rat des Freundes und Vorgängers. Im hohen Alter haben die beiden Republikaner ihre Autorität einer erstaunlichen atomaren Abrüstungsinitiative geliehen: »Global Zero« – Abrüstung auf Null!

Wobei Helmut Schmidt durchaus Unterschiede zwischen den beiden sieht. »Shultz ist überzeugt von der Notwendigkeit der nuklearen Abrüstung, Henry hat da Einschränkungen.« In Sachen Atom sei Kissinger »der Rationalste und der Realistischste. Er übertreibt den Realismus ein bisschen nach meinem Gefühl.« Und Schmidts eigene Sicht? »Fast ausschließlich auf Shultz' Seite.«

Warum dieser verblüffende Schwenk der ehemaligen Nuklearstrategen in der Atompolitik? »Es war kein Schwenk«, meint Schmidt, »es war eine langsame Entwicklung. Ich habe die nukleare Aufrüstung immer für übertrieben gehalten.«

Und doch: Der Sinneswandel ist kaum zu bestreiten. Und es gibt dafür gute Gründe. Die Kalten Krieger von einst hatten begriffen, dass ein »Gleichgewicht des Schreckens« wohl nur zwischen den hochgezüchteten Militärapparaten entwickelter Industrienationen funktionieren kann und dass auch deren kalte Zweckrationalität den Frieden nur mit viel Glück bewahrt hat. In Zeiten, da unberechenbare Staaten wie der Iran und Nordkorea oder gar Terrorgruppen nach der Bombe streben, könne man nicht mehr, meinen sie, auf die Stabilität gegenseitiger Abschreckung bauen.

Natürlich gibt es in politischen Fragen Differenzen zwischen den vieren. »Eine große Meinungsverschiedenheit: Ich halte, vielleicht anders als Lee und gewiss anders als Henry, den maritimen nuklearen Aufmarsch der Amerikaner gegenüber China für weit übertrieben«, sagt Schmidt.

China! Mit leidenschaftlichem Interesse verfolgt jeder der vier, wie das Reich der Mitte zu alter Größe aufsteigt. Natürlich hat Schmidt das neue Buch Kissingers »On China« gelesen. »Manches fehlt. Zu viel Kissinger, zu wenig China. Eigentlich könnte das Buch ›On Henry‹ heißen! Insgesamt aber enthält es großen Respekt gegenüber der chinesischen Zivilisation. Die Deutschen vertüdeln meistens Zivilisation und Kultur!«

Kissinger und Schmidt sind sich Ende der fünfziger Jahre erstmals begegnet, wo und wie genau, in Harvard oder im Hamburger Amerikahaus, ist zwischen den beiden umstritten. Kissinger erzählt gern, wie er Schmidt, der ihm als »aufstrebender Politiker« angekündigt wurde, vor dem ersten Treffen mit Carlo Schmid verwechselt habe, einem der Väter des Grundgesetzes. »Das war der wichtigere Deutsche, den ich kannte.«

Ein gutes halbes Jahrhundert ist seither vergangen, und nie ist das Gespräch zwischen den beiden abgerissen. Als sie noch im Amt waren, Schmidt Bundeskanzler, Kissinger Sicherheitsberater und Außenminister, sei man sich natürlich nicht immer einig gewesen, schildert Schmidt. Bei den Ost-West-Verhandlungen in den siebziger Jahren beispielsweise sei »Kissinger sehr viel skeptischer gegenüber der Helsinki-Schlusskonferenz als ich und auch als sein Chef, Jerry Ford« gewesen. Auch beim Vietnamkrieg war man unterschiedlicher Meinung: »Er wollte ihn ja beenden, aber viel zu langsam. Ich war für mehr Tempo.«

Waren Chile und Kambodscha zwischen ihnen ein Thema, der Allende-Sturz durch Pinochet und die Bombardierung des neutralen Nachbarn Vietnam durch die Amerikaner? »Weder Kambodscha noch Chile haben eine große Rolle zwischen uns gespielt«, antwortet Schmidt, »wobei ich immer geahnt, aber nicht gewusst habe, dass Henry da belastet ist.«

Was ist der Kern dieser Freundschaft? »Menschliche Zuverlässigkeit«, antwortet Kissinger. »Ich weiß, wann Helmut das Gespräch braucht, auch wenn er nie darum bitten würde. Umgekehrt weiß ich, dass er da wäre, wenn ich ihn brauchte.«

Aber heißt es nicht immer, in der Politik könne es Freundschaft nicht geben?, fragen wir Helmut Schmidt. »Ja, das ist ein Irrtum!«, raunzt er. »Diese vier Leute können sich untereinander darauf verlassen, dass der andere nichts erzählt als das, was er für seine Wahrheit hält.«

»Was er für seine Wahrheit hält«, wiederholt Schmidt. »Was man öffentlich sagt, ist in manchen Fällen was anderes.«

Kommt nicht eines hinzu, sind sie nicht alle typische Realpolitiker? Na ja, findet Schmidt, »viel stärker realistisch geprägt als etwa ideologisch, das gilt für alle vier«. Aber der Ausdruck Realpolitiker passt ihm nicht. »Den hätten wir nie benutzt! Warum sollen wir uns eine Oblate aufkleben?«

Realisten und Internationalisten zugleich. »Wir denken nicht national bei den Themen, die uns verbinden«, sagt Kissinger. »Es geht schließlich um wirklich globale Fragen, also diskutieren wir sie auch aus globaler Sicht.« Schmidt nennt Kissinger, den 1938 mit seiner Familie aus Deutschland geflohenen Juden, einen »amerikanischen Weltbürger«.

»Ich habe viele Freunde«, fährt Kissinger fort, »aber ich würde sagen, es läuft immer wieder auf diese vier hinaus. Die meisten Leute wissen gar nicht, dass die Gruppe existiert. In diesem Sinne ist sie exklusiv.«

Unser Gespräch am Nachmittag vor der Preisverleihung ist kurz, Kissinger will hinüber ins Büro Helmut Schmidts neben dem Reichstag. Aber eines möchte er noch wissen, bevor er aufbricht: Was Lee gesagt habe, als wir ihn in Singapur trafen. Wie denke er über die Freundschaft der vier?

Auch Lee hat von Vertrauen gesprochen und hinzugefügt: »Unser Verstand arbeitet ähnlich.« Mindestens einmal alle zwei Monate telefoniere er mit Kissinger; dann gehe es meist um China oder um die anderen großen aktuellen Themen der Politik. Eines noch: »Henry rief mich an, um mich zu trösten, als meine Frau Choo starb.« Das hat ihn berührt.

Ja, sagt Kissinger: »Ich habe ihn damals fast jeden Tag angerufen.« Denn in Lees Kultur sei es sehr schwer, der persönlichen Trauer Ausdruck zu geben. Habe er den Freund trösten können? »Ich denke, es hat ihn getröstet, über Choo sprechen zu können, ja.«

Am Ende des Lebens, wenn Bilanz gezogen wird, dann bleibt dies: die Freundschaft, die Partnerschaft, die Liebe. »Lebte meine frühere Frau noch, dann wären wir heute seit fast 70 Jahren verheiratet«, sagt George Shultz. Vor sechzehn Jahren ist sie an Krebs gestorben, auch der Ehemann seiner heutigen Frau Charlotte starb daran. »Also haben wir beide geheiratet«, sagt Shultz.

Strahlend betritt Charlotte Shultz bei unserer Begegnung in Berlin den Raum. Sie war Protokollchefin des Bundesstaates Kalifornien, als dort Arnold Schwarzenegger Gouverneur war. Die Ehefrauen, sagt Helmut Schmidt, hätten in der Freundschaft der vier »eine gewisse Rolle« gespielt. Nancy Kissinger sei »eine politisch interessierte und kluge, aber sich zurückhaltend äußernde Frau. Die zweite Frau Shultz redet gern, denn sie ist voller Impulse.«

Die Atmosphäre sei eine ganz andere, wenn die Frauen dabei seien, aber es werde wiederum über Politik geredet. Worüber noch? »Über das Alter, über Demenz im Alter, über die Welt und den lieben Gott!«

So wie voriges Jahr in New York. Man traf sich im Waldorf Astoria. »Das waren zwei verschiedene Treffen«, sagt Helmut Schmidt. »Einmal mehrere Stunden Shultz, Kissinger und Schmidt allein. Und dann Abendessen der drei mit den beiden Ehefrauen – Ehefrau Shultz und Nancy.« Es sei der Besuch gewesen, mit dem er Abschied von Amerika genommen habe. Schmidt zieht vergnügt an seiner Zigarette: »Inzwischen leb ich aber noch!«

Noch einmal nach Amerika? »Nee!« Und wenn ein Freund ihn braucht? »Ich würde das nicht ganz ausschließen, aber geplant ist das nicht.« Er sei entschlossen, keine großen Reisen mehr zu machen. »Innerhalb Europas, das ist was anderes. Oder nach Moskau, ist auch was anderes.«

Moskau also, das könnte ihn reizen? »Ja.« Ist das geplant? »Nein, geplant ist gar nichts.«

Wie ist das mit der Planung, wenn man alt wird?, fragen wir Henry Kissinger. »Du musst dich entscheiden. Was du tun kannst, ist begrenzt. Also tut man am besten Dinge, die wichtig sind und sich lohnen. In diesem Sinne ist jedes unserer Treffen etwas Besonderes.«

Natürlich sei es wichtig, sich zu sehen, sagt Kissinger noch, »aber wir müssen uns nichts mehr sagen. Es wird deshalb nichts unerfüllt bleiben. Dennoch wird der Verlust groß sein, wenn einer von uns geht.«

Das wache Interesse aneinander ist geblieben, die stete Wissbegier. George Shultz sagt: »Dann und wann schickt Helmut mir eine Rede, die er gehalten hat. Ich lese sie immer genau. Und lese sie dann noch einmal. Meistens sind Feinheiten darin, nach denen man suchen muss. Er ist ein vorsichtiger Denker. Aber er versteht es, groß zu denken. Die meisten Leute reden blühenden Unsinn, wenn sie groß denken. Wenn Helmut groß denkt, hat es Bedeutung.«

Also arbeiten sie weiter. Und verblüffen ihre Umwelt mit ihrer Präsenz und ihrer Schaffenskraft. An diesem warmen Maiabend in Berlin sitzen sie nebeneinander auf dem Podium im »Weltsaal« des Auswärtigen Amts: George Shultz, 91, Helmut Schmidt, 93, und Henry Kissinger, 89. Niemand im Saal, der sich dem anrührenden Moment entziehen kann.

Alle drei haben Geschichte geschrieben. Gelassen blicken sie in die Reihen vor ihnen: George Shultz, stolz aufgerichtet, mit blauem Hemd und blutroter Fliege; Henry Kissinger, in sich zusammengesunken, mit schweifendem Blick; dazwischen Helmut Schmidt im Rollstuhl, die Hände zigarettenlos im Schoß.

Sie sind sich ihrer Aura wohl bewusst und genießen sie mit der ironischen Distanz derer, die zu viel gesehen haben, um noch jedes Lob ernst zu nehmen. Und es doch immer wieder gern hören! Man kann dazu ja ein grimmiges Gesicht aufsetzen. Oder ein wenig knurren. Nichts entzückt die Leute mehr.

Schmidt, der die Laudatio auf den Preisträger Shultz hält, erinnert an Franklin Roosevelt, an Harry Truman, George Kennan, George Marshall, an Eisenhower und Kennedy. »George, du bist einer jener amerikanischen Führer, die Freundschaft mit den Deutschen begründet haben – nach zwei Weltkriegen, in denen wir Deutsche deine Feinde waren. Und dafür werde ich immer dein dankbarer Freund sein.«

Wichtiger als die Preisverleihung ist den dreien die kurze Zeit davor, das Beieinandersein in einem Nebenraum. Darauf haben sie sich wirklich gefreut. Deshalb sind sie angereist aus Hamburg, aus New York und aus San Francisco.

Und deshalb ist Helmut Schmidt noch einmal nach Singapur geflogen. «Dies ist mein letzter Besuch in diesem Teil der Welt«, sagt er am Ende des dritten Tages. »Alles Gute für Sie, Harry.« – »Auch für Sie«, antwortet Lee Kuan Yew, und seine Stimme ist rau. »Es ist eine Ehre, Sie zu kennen.« Sie beugen sich zueinander und nehmen sich in den Arm. Ganz vorsichtig.

Einen Moment ist es still im Raum. Dann ruft Schmidt nach seinen Leibwächtern. »Rollt mich hier raus!«

Anhang

Dokumentation
eines Gesprächs zwischen
Helmut Schmidt und Deng Xiaoping
im Mai 1990 in Peking

Am 21. Mai 1990 kam es in Peking zu einem Treffen zwischen Alt-Bundeskanzler Helmut Schmidt und Deng Xiaoping, der die Politik der Volksrepublik China seit den späten siebziger Jahren führte. Ein knappes Jahr zuvor hatte die blutige Niederschlagung der Studentenproteste auf dem »Platz des Himmlischen Friedens« die Welt in Atem gehalten. Über dieses Treffen schrieb Helmut Schmidt rückblickend:

> »Im Juni 1989 hatte die Tragödie am Tiananmen-Platz in Peking – und eine übertreibende westliche Medien-Berichterstattung! – im Westen der Welt große Empörung ausgelöst. Besuche und Gespräche wurden abgesagt, man verhängte ein Waffenlieferungsembargo gegen China. Es bestand die Gefahr, dass sich daraus ein kalter Krieg gegen das kommunistische China entwickelte. Um einen eigenen Eindruck von der Situation zu gewinnen, flog ich 1990 nach Peking und sprach dort sowohl mit chinesischen Amtsträgern als auch mit Privatleuten, ebenso mit dort tätigen westlichen Diplomaten, Geschäftsleuten und Journalisten. Die Lage erschien mir prekär, aber nicht aussichtslos. Jedenfalls konnte nach meinem Urteil eine Isolierung Chinas die Situation nur noch verschlechtern.«[1]

1   Entnommen aus Helmut Schmidt, Außer Dienst. Eine Bilanz, München 2008.

Protokoll des Gesprächs

HELMUT SCHMIDT eröffnet das Gespräch mit einer Erkundigung nach Dengs Gesundheitszustand.

DENG XIAOPING Mit zunehmendem Alter bekomme er die Krankheiten, die dem Alter zustünden; er habe weiterhin ein gutes Gedächtnis, aber er werde schwächer. Er könne sich jedoch genau an die Begegnung mit Helmut Schmidt erinnern. »Wir sind wirkliche Freunde und können uns sagen, was wir wirklich denken.«

SCHMIDT erinnert an Dengs Äußerung über die strukturellen Wirtschaftsreformen. Auf diesem Gebiet habe es wirklich große Fortschritte gegeben, allerdings auch einen Rückschlag 1987/88. Als Beobachter von außen könne man nur raten, den Weg der Reformen nicht zu verlassen.

DENG Zeitweise habe es eine Überhitzung gegeben, und die Wirtschaft sei außer Kontrolle geraten. Die chinesische Führung habe die Erfahrung aus solchen Fällen zusammengefasst. Man wolle Wirtschaftsreformen nicht nur fortsetzen, sondern auch verbessern. Trotz der Vorkommnisse von 1988, trotz des 4. Juni 1989[2] habe man die Reformen fortgesetzt und die Inflation bekämpft. Nunmehr sei das Ziel, weitere Fortschritte bei den Reformen zu erreichen und die Politik der Öffnung fortzusetzen.

SCHMIDT Die Deutschen hätten Erfahrung mit Inflation. Die deutsche Inflation nach dem Ersten Weltkrieg sei wesentlich schlimmer gewesen; eine der Konsequenzen sei gewesen, dass die Deutsche Bundesbank nach dem Zweiten Weltkrieg völlig unabhängig von der Regierung gemacht wurde, so dass sie autonom über Zinshöhe und Geldmenge bestimmen könne. Regierungsaufgaben müssten aus Steuern oder vom Kredit-

2   Gemeint ist die Niederschlagung der Proteste auf dem Tiananmen-Platz.

markt finanziert werden, aber nicht durch Zentralbankgeld. Die
Deutsche Bundesbank sei noch unabhängiger als die amerikanische Zentralbank. Nunmehr arbeiteten einige Politiker, darunter Giscard[3] und er selbst, an dem Versuch, dieses System auf
ganz Europa zu übertragen. Bei dieser Gelegenheit sei anzu-
merken, dass die Unabhängigkeit einer Zentralbank durchaus
mit einem planwirtschaftlichen System vereinbar sei.

DENG Er habe das Protokoll der Gespräche von Helmut Schmidt
mit Regierungsvertretern am Vortag gelesen; die chinesische
Führung werde seine Vorschläge studieren. Allerdings mangele
es der chinesischen Führung an Erfahrungen auf diesem Gebiet.

SCHMIDT Viele Staaten hätten Erfahrungen mit Inflation gemacht,
darunter viele Entwicklungsländer, auch die Sowjetunion, auch
Großbritannien. Nirgendwo seien die Zentralbanken wirklich
unabhängig.

Deng habe den 4. Juni erwähnt. Er, Schmidt, sei nicht sicher, wie
weit die chinesische Führung sich darüber klar sei, welch großen Prestigeverlust China im letzten Jahr erlitten habe. Der
Grund dafür liege insbesondere in den Fernsehübertragungen.
Dies habe zu einer unfreundlichen Haltung gegenüber China
geführt. Verschiedene Regierungen hätten ihre freundschaftliche Haltung eingeschränkt. Sein eigener Besuch sei als Gegengewicht zu diesen Sanktionstendenzen gemeint. Er habe die
Hoffnung, dass die chinesische Führung Wege finde, in der öffentlichen Meinung Europas und der Vereinigten Staaten jenes
Prestige zurückzugewinnen, das gegenwärtig beeinträchtigt sei.
Herr Luo Gan[4] habe ihm den tatsächlichen Verlauf geschildert.
Solche Darstellungen seien auch im Westen nützlich. Verstän-
dige Leute in Europa und in den Vereinigten Staaten wüssten,

3   Valéry Giscard d'Estaing, französischer Staatspräsident von 1974 bis 1981,
langjähriger enger Freund Schmidts.
4   Von 1988 bis 1998 Generalsekretär des Staatsrats.

dass China eine Großmacht sei. Diese Einsicht müsse sich wieder durchsetzen. Für ihn, Schmidt, spiele es auch eine Rolle, dass China sich immer und vorbehaltlos für die deutsche Einheit eingesetzt habe. Auch deshalb sei er ein Freund seines Gastgebers ebenso wie Chinas insgesamt.

In den neunziger Jahren werde die Rolle Chinas weiter wachsen, weil und in dem Maße, wie die Rolle der Sowjetunion zurückgehe. Er habe dieses in vielen Gesprächen in Asien und in den Vereinigten Staaten gespürt. Die Sowjetunion durchlaufe eine Schwächeperiode, über deren Länge niemand etwas Genaues wisse. China könne vielleicht das Entwicklungsland werden, das den Ton angeben werde. Er habe den Vorschlag gemacht, China und die Sowjetunion an den Wirtschaftsgipfeln der Sieben[5] teilnehmen zu lassen. Man könne die Weltwirtschaft nicht ohne die Mitwirkung dieser beiden Giganten organisieren.

DENG Es sei ein merkwürdiges politisches Phänomen, dass sieben Länder die Welt dominierten, dass sie Sanktionen verhängten; wer habe ihnen das Recht dazu gegeben?

SCHMIDT Sanktionen kämen im Wesentlichen nur aus einem Land; die anderen seien davon nicht begeistert.

DENG Die anderen Länder folgten aber diesem einen Land; dies sei eine ungesunde Lage. Die neue Ordnung in der Welt werde von diesen sieben Ländern repräsentiert. Mit den Ereignissen in Osteuropa und der Sowjetunion sei die alte Ordnung zerstört, aber eine neue Ordnung zeichne sich noch nicht ab. Es dürfe nicht sein, dass die Siebenergipfel die Welt dominierten. Eine Erhöhung der Teilnehmerzahl von sieben auf neun werde wohl von den meisten Ländern nicht akzeptiert werden.

---

5 Gruppe der Sieben (auch G7-Staaten), die sieben führenden Industrieländer von 1976 bis 1998 (USA, Japan, Großbritannien, Kanada, Frankreich, Italien und Deutschland). 1998 wurde Russland aufgenommen, seither nennt sich der Zusammenschluss G8.

SCHMIDT Es sei nicht die Frage des Rechts, sondern der Macht über Kapital- und Technologieexporte. Er stimme aber zu, dass dieser Zustand auf Dauer ungesund sei. Er glaube daran, dass es sinnvoll sei, pragmatische Schritte zu unternehmen, um China und die Sowjetunion einzubeziehen. Die sieben könnten zwar der Welt nichts oktroyieren, aber man könne die gegenseitigen Interessenlagen auf den Gipfeln verstehen lernen. Er selbst habe vor fünfzehn Jahren einmal vorgeschlagen, Saudi-Arabien wegen seiner zentralen Verfügungsmacht über das Öl einzubeziehen, denn dadurch habe es enormen Einfluss auf die Weltwirtschaft. Die Weltwirtschaft sei ein Gesamtorganismus, ein Konglomerat von sozialistischen, kapitalistischen, feudalistischen, diktatorisch regierten Staaten; dennoch müssten alle Teilnehmer sich gegenseitig in ihren Interessen respektieren.

DENG Es sei eine gute Vorstellung, dass es einen Mechanismus geben solle, der dieses alles organisiere. Aber er dürfe nicht zu groß sein, sonst komme es mit Notwendigkeit zu lähmenden Streitigkeiten. Noch einmal: Es gibt noch immer Sanktionen gegen China.

SCHMIDT Die würden nicht ewig dauern.

DENG Das glaube er auch. Wir halten nichts davon. Die Sanktionen würden für China keine Rolle spielen, ebenso wenig wie sie in den ersten fünfundzwanzig Jahren seit der Gründung der Volksrepublik China eine Wirkung gehabt hätten. So lange habe China unter Sanktionen und in Isolierung gelebt. Was den 4. Juni angehe, so werde die Wirkung dieser Ereignisse bald vorbei sein. »Wir müssen unsere Schlüsse daraus ziehen.« Man habe den Studenten nicht allzu große Vorwürfe gemacht; die Ursache habe in der Partei gelegen, sogar bei hohen Vertretern in der Parteiführung. Solche Dinge seien beendet worden; im Übrigen habe damals im Juni kein Betrieb seine Arbeit eingestellt. Nur ein Teil der Studenten, am Anfang etwa 40 Prozent, später 70 bis 80 Prozent, habe sich beteiligt. Man habe die junge

Generation vernachlässigt. Das Ansteigen des Prozentsatzes sei erst wegen der Unterstützung innerhalb der Parteiführung erfolgt. Jedenfalls hätten die Ereignisse die Politik der vier Modernisierungen[6] in keiner Weise beeinträchtigt.

Was noch zu lösen anstehe, das seien die internationalen Spannungen mit Blick auf Japan, mit Blick auf die Vereinigten Staaten. Mit Europa habe China keine großen Probleme gegenwärtig. Die US-Investitionen hätten nicht abgenommen. Was verwundere, sei hingegen die japanische Reaktion. Die Japaner folgten wohl den Vereinigten Staaten; aber jetzt hielten sie daran fest, obwohl die USA schon wieder eine Änderung eingeleitet hätten. Er glaube, dass Japan die Beziehung zu China nicht verbessern wolle.

SCHMIDT Er glaube, dass die Haltung Japans in den neunziger Jahren eine Veränderung durchmachen werde. Das japanisch-amerikanische Verhältnis werde sich verschlechtern in dem Maße, wie Japan zum Gläubiger der USA werde. Die japanischen Überschüsse sollten auf China und auf die Entwicklungsländer hin umorientiert werden. Für diesen Vorschlag finde er in Japan zunehmendes Verständnis. Die japanische Bürokratie sei dabei, ihre Meinung zu ändern. Die technische und die Finanzkraft Japans sollten besser China zur Verfügung gestellt werden, da China ein großes Land sei, das deshalb nicht von Prestigeempfindlichkeiten betroffen sei wie die »weißen« Vereinigten Staaten. Im Übrigen stimme er zu, dass es keine Schwierigkeiten mit Europa gebe, und dies werde auch so bleiben.

Eine Bemerkung zur Zukunft der USA: Er besitze viele Freunde in den Vereinigten Staaten, denen er seit Mitte der achtziger

6   Ein wirtschaftliches Reformprogramm, das noch von Zhou Enlai (Ministerpräsident der Volksrepublik China 1949 – 1976) angestoßen worden war. Es ging um die Modernisierung von Landwirtschaft, Industrie, Verteidigung sowie Wissenschaft und Technik.

Jahre gesagt habe, dass der Anstieg des Verbrauchs weit über die Produktion hinaus einen schweren Fehler darstelle, weil dadurch die Vereinigten Staaten auf Kosten der Kredite der Welt lebten. Die USA seien mittlerweile der größte Nettoschuldner der Welt mit ca. 800 Mrd. US-Dollar. Die Vereinigten Staaten seien wegen ihrer falschen Haushaltspolitik im Zustand ökonomischer Schwäche, ohne es zu begreifen. Wenn es bei dieser Politik bleibe, würde Amerika einen Teil seiner übermächtigen Supermacht-position einbüßen. Ein weiterer Grund für die Reduzierung der Rolle der Vereinigten Staaten liege in der Schwäche der Sowjet-union. Sie bilde keine militärische Bedrohung mehr wie zuvor; in demselben Maße verliere die militärisch-strategische Super-machtposition der USA an Bedeutung für die Bewahrung des Friedens. Ein dritter Grund sei denkbar: Wenn die deutsche Ver-einigung zu einer westeuropäischen Integration führen würde, entstünde eine selbständig operierende Einheit Westeuropa. Am Anfang des 21. Jahrhunderts würde es dann fünf Großmächte geben, deren Zusammenspiel darüber entscheide, ob die Welt-probleme (Bevölkerung, Treibhauseffekt, Energie, Funktion der Weltwirtschaft) gelöst werden könnten.

DENG Darüber werde die Praxis entscheiden. Die alte Ordnung sei fast vollständig zerstört. Man stehe vor einem Prozess, eine neue Ordnung in der Weltpolitik und der Weltwirtschaft zu errich-ten; dieser Prozess werde sich aber nur allmählich vollziehen und sei schwer zu prognostizieren. Eines sei von ausschlagge-bender Wichtigkeit: dass die Vereinigten Staaten bescheiden würden; sie sollten ab jetzt lernen, bescheiden zu sein. Auch Japan dürfe nicht wegen einer sprunghaften wirtschaftlichen Entwicklung seine politische, wirtschaftliche und militärische Macht überschätzen. Auch ein geeintes Deutschland und ein einheitliches Europa dürften nicht anderen Angst einjagen, auch nicht den armen Ländern, die sich alle ungefähr in der gleichen Situation befänden.

SCHMIDT stimmt dem zu, besonders mit Blick auf Deutschland. In diesem Falle könnte eine solche Entwicklung dadurch verhindert werden, dass die westeuropäische Integration beschleunigt wird, so dass das einheitliche Deutschland darin aufgeht (Deng stimmt zu).

DENG Es sei sicher bekannt, dass China einem einigen Deutschland und einem starken Europa immer positiv gegenübergestanden und es befürwortet habe. Alle Länder, die nach dem Zweiten Weltkrieg gespalten worden seien, sollten wieder vereinigt werden. Aber die Einheit, die jetzt komme, sei anders, als früher vorgestellt. Deshalb sollte Deutschland nach der Einheit in der internationalen Politik eine vorsichtige Haltung einnehmen.

SCHMIDT stimmt dem zu und fragt nach dem Verhältnis China-Taiwan und dem Verhältnis zwischen Nord- und Südkorea.

DENG Er wolle ein Wort »aus dem Herzen« sagen: In der Taiwan-Frage liege der Schlüssel bei den Amerikanern. 1972 seien die chinesisch-amerikanischen Beziehungen verbessert worden durch die Vereinbarung zwischen Nixon und Kissinger einerseits und Zhou Enlai und Mao; die Vereinbarungen damals hätten als Mittelpunkt auch die Taiwan-Frage umfasst. 1979 habe er die USA besucht und eine Vereinbarung getroffen, in der sich die USA verpflichtet hätten, alle Verträge mit Taiwan zu beenden. Gleich danach sei es im Kongress zu einem Gesetz über die Beziehungen zu Taiwan gekommen, und seither habe der Kongress ununterbrochen die Unabhängigkeit Taiwans unterstützt. So seien alle Bemühungen beider Seiten zunichte gemacht worden. Eine Vereinigung, die noch einige Zeit beanspruchen werde, werde der Form nach von China mit noch größerer Großzügigkeit betrieben als im Falle Hongkongs. Man akzeptiere eine örtliche Regierungsautonomie mit eigenen Militärkräften in Taiwan. Das Konzept »ein Land – zwei Systeme« sei nicht speziell für Hongkong entwickelt worden, sondern auch für Taiwan.

Aber man habe nun genug gesprochen, und man müsse sich ein wenig ausruhen. Er empfehle Helmut Schmidt, auch mit Jiang Zemin[7] wie mit einem Freund zu sprechen. Er selbst sei nun wirklich von allen Funktionen zurückgetreten. Aber obwohl er zurückgezogen lebe, lägen ihm doch einige Fragen am Herzen: das chinesisch-amerikanische Verhältnis, die internationalen Fragen und die Wiedervereinigung Chinas, das Problem, wie ein günstiges Umfeld dafür geschaffen werden könne, damit die Modernisierungen sich stetig verwirklichten. Er danke Helmut Schmidt als »unserem guten Freund«, dass er China nach dem 4. Juni besucht habe.

SCHMIDT will die Ergebnisse dieses Gespräches weitertragen und hofft auf ein Wiedersehen.

DENG Er hoffe, Helmut Schmidt noch mehrmals zu sehen. Er hoffe vor allem, 1997 Hongkong besuchen und für eine Stunde den Fuß wieder auf chinesischen Boden setzen zu können.

Die beiden Wünsche sollten nicht in Erfüllung gehen: Deng starb am 19. Februar 1997 in Peking; am 1. Juli 1997 wurde die vormals britische Kronkolonie Hongkong vertragsgemäß an China zurück-gegeben.

---

7   Generalsekretär der Kommunistischen Partei Chinas von 1989 bis 2002.

Zeittafel
Chinesische Geschichte

2000 v. Chr.

    Schrift auf Schildkrötenpanzern

ca. 580 v. Chr. – 500 v. Chr.

    Lao Tse

ca. 560 v. Chr. – 483 v. Chr.

    Gautama Buddha

551 v. Chr. – 479 v. Chr.

    Konfuzius

221 v. Chr. – 206 v. Chr.

    Errichtung eines zentralisierten Einheitsstaates

206 v. Chr. – 220 n. Chr.

    Gründung eines Beamtenstaates unter der Han-Dynastie

200 v. Chr.

    Erfindung des Papiers; Stahlerzeugung aus Gusseisen

420 – 581

    Trennung von Nord- und Südchina

581 – 618

    Erneute Einigung des Reiches unter der Sui-Dynastie

618 – 907

    Kulturelle und wirtschaftliche Blütezeit unter der Tang-Dynastie

8./9. Jh.

    Erfindungen: Blockdruck, mechanische Uhr, Papiergeld, Schießpulver

10. Jh.

    Erfindungen: Flammenwerfer, Feuerwerkskörper, Bomben und Granaten

960–1279
Zweite wirtschaftliche und kulturelle Blüte unter der Song-Dynastie

1162–1227
Dschingis Khan; 1206 Einigung der Mongolen,
1215 Eroberung Pekings

1279–1368
Herrschaft der Mongolen; Kublai Khan (1260–1294)

1368–1644
Unter der Ming-Dynastie Aufteilung des Reiches in
Provinzen; Zentralisierung von Herrschaft und Verwaltung;
Stärkung der Macht der Mandarine

1371–1433
Admiral Zheng He unternimmt Expeditionen bis an die
ostafrikanische Küste

1644–1911
Qing-Dynastie der Mandschu

1839–1842
Erster Opiumkrieg, erste Niederlage Chinas gegen den
Westen; China öffnet sich der westlichen Welt; Hongkong
wird britisch

1851–1864
Taiping-Aufstand; 1853 Einnahme der alten Kaiserstadt
Nanjing durch die Taiping-Rebellen

1856–1860
Zweiter Opiumkrieg; 1860 Besetzung Pekings durch Briten
und Franzosen

1894/95
Japanisch-chinesischer Krieg; Formosa (Taiwan) fällt an
Japan

1897–1914
Qingdao (Tsingtao) ist deutsche Kolonie

1900/01

Boxeraufstand

1911/12

Ende des Kaiserreichs; Sun Yatsen, Gründer der Nationalen
Volkspartei (Kuomintang), ruft die Republik aus

1923–1927

Erste Einheitsfront; Zusammenschluss der Kuomintang und
der Kommunistischen Partei Chinas (gegründet 1921) gegen
regionale Warlords

1925

Tod Sun Yatsens; General Chiang Kai-shek übernimmt die
militärische Macht in der Kuomintang

1927–1937

Erster Bürgerkrieg; Eroberung Pekings durch die Kuomintang
(1928)

1934/35

»Langer Marsch« der Kommunistischen Partei

1937

Japanische Besetzung Shanghais; Massaker von Nanjing

1937–1945

Zweite Einheitsfront von Nationalisten und
Kommunisten

1945–1949

Zweiter Bürgerkrieg; 1949 Sieg der Kommunisten, Chiang
Kai-shek zieht sich nach Taiwan zurück

1. Oktober 1949

Gründung der Volksrepublik China; Mao Zedong wird
Vorsitzender der Kommunistischen Partei Chinas und
schließt in Moskau den chinesisch-russischen Freundschafts-
vertrag (1950)

1949–1952

Bodenreformbewegung

1949 – 1976
   Zhou Enlai Ministerpräsident
1954
   Deng Xiaoping wird zum Generalsekretär des ZK der Partei
   und stellvertretenden Ministerpräsidenten ernannt
1958 – 1960
   »Großer Sprung nach vorn«, Einrichtung von Volks-
   kommunen
1960
   Ideologischer Konflikt mit Moskau, endgültiger Bruch nach
   der Kuba-Krise
1964
   »Mao-Bibel« erscheint; Zündung der ersten chinesischen
   Atombombe (16. Oktober 1964)
1966 – 1976
   »Große Proletarische Kulturrevolution«; Deng wird seiner
   Ämter enthoben (1968)
1971
   Aufnahme Chinas in die UN; Peking übernimmt von Taiwan
   den Sitz im Sicherheitsrat
1972
   Besuch von US-Präsident Richard Nixon in Peking
1973
   Deng Xiaoping erhält seine Ämter zurück
1976
   Tod Mao Zedongs
ab 1978
   Beginn der Öffnungspolitik; Dengs Politik der »vier Modernisierungen«
1980 – 1987
   Hu Yaobang Generalsekretär; Zhao Ziyang Ministerpräsident
1987 – 1989
   Zhao Ziyang Generalsekretär

1987 – 1998
  Li Peng Ministerpräsident
1989
  Studentenproteste mit Massendemonstrationen; blutige
  Niederschlagung der Demokratiebewegung durch die Armee
  auf dem Platz des Himmlischen Friedens am 4. Juni
1989 – 2002
  Jiang Zemin Generalsekretär
1998 – 2003
  Zhu Rongji Ministerpräsident
1997
  Tod Deng Xiaopings; Rückgabe Hongkongs
2001
  China wird WTO-Mitglied
2002 – 2012
  Hu Jintao Generalsekretär
2003 – 2013
  Wen Jiabao Ministerpräsident
November 2012
  Xi Jinping wird Generalsekretär
seit 2013
  Li Keqiang Ministerpräsident

Bildnachweis

Archiv der sozialen Demokratie/Fotoarchiv Jupp Darchinger: 71
Archiv Helmut Schmidt: 53, 79, 81, 91, 99, 107, 115, 125
Bundesbildstelle: 35, 43, 45, 45, 55, 63
imago stock&people, Berlin: 135, 151

Trotz intensiver Recherche konnten nicht alle Bildrechte zweifels-
frei geklärt werden. Im Falle eines berechtigten Anspruchs werden
Rechteinhaber gebeten, sich an den Verlag zu wenden.